SER CRIATIVO

Dados Internacionais de Catalogação na Publicação (CIP)
(Câmara Brasileira do Livro, SP, Brasil)

Nachmanovitch, Stephen
    Ser criativo – O poder da improvisação na vida e na arte / Stephen Nachmanovitch; [tradução de Eliane Rocha]. – São Paulo: Summus, 1993.

    Bibliografia
    ISBN 978-85-323-0435-3

    1. Criação (Literária, artística etc.) 2. Improvisação (Música) I. Título.

93-2675   CDD-153.35

Índices para catálogo sistemático:
1. Criação: Psicologia   153.35
2. Criatividade: Psicologia   153.35

www.summus.com.br

EDITORA AFILIADA

Compre em lugar de fotocopiar.
Cada real que você dá por um livro recompensa seus autores
e os convida a produzir mais sobre o tema;
incentiva seus editores a encomendar, traduzir e publicar
outras obras sobre o assunto;
e paga aos livreiros por estocar e levar até você livros
para a sua informação e o se entretenimento.
Cada real que você dá pela fotocópia não autorizada de um livro
financia um crime
e ajuda a matar a produção intelectual de seu país.

Stephen Nachmanovitch

SER CRIATIVO
O PODER DA IMPROVISAÇÃO NA VIDA E NA ARTE

summus editorial

Do original em língua inglesa
FREE PLAY – THE POWER OF IMPROVISATION IN LIFE AND THE ARTS
Copyright © 1990 by Stephen Nachmanovitch
Direitos para a língua portuguesa adquiridos por Summus Editorial Ltda.

Tradução: **Eliane Rocha**
Capa: **Ettore Bottini**

6ª reimpressão, 2025

Summus Editorial
Departamento editorial
Rua Itapirucu, 613 – 7º andar
05006-000 – São Paulo – SP
Fone: (11) 3872-3322
http://www.summus.com.br
e-mail: summus@summus.com.br

Atendimento ao consumidor
Summus Editorial
Fone: (11) 3865-9890

Vendas por atacado
Fone: (11) 3873-8638
email: vendas@summus.com.br

Impresso no Brasil

Agradecimentos

As seguintes pessoas são apenas alguns dos muitos amigos e colegas que me ofereceram apoio, críticas, idéias e outras contribuições vitais para a elaboração deste livro: David Lebrun, Ron Fein, Abdul Aziz Said, Yehudi Menuhin, Ellen Dorland, Will McWhinney, Art Ellis, Ben Berzinsky, Jeremy Tarcher, Connie Zweig, Deena Metzger, Ruth Weisberg, Dianna Linden, Lolette Kuby, Linda Galijan, Sanjay Kumar, Jay Hoffman, Jim Bogan, Laura Kuhn, Elisabeth Des Marais.

Meu amigo e mestre, Gregory Bateson, morreu três anos antes de eu ter iniciado este trabalho, mas a força e o calor de seu pensamento permeiam todo o livro.

Agradeço à Dorland Mountain Arts Colony, onde as idéias aqui expostas foram concebidas e esboçadas no chalé do compositor em 1983.

Este livro é dedicado a meus pais, com todo o meu amor.

Índice

Apresentação da edição brasileira	9
Prólogo: a nova flauta	13
Introdução	17

As fontes

Inspiração e o fluir do tempo	27
O veículo	33
A corrente	39
A musa	43
A mente que brinca	49
Desaparecer	57

O trabalho

Sexo e violinos	63
Prática	69
O poder dos limites	79
O poder dos erros	87
A criação compartilhada	91
O desenvolvimento da forma	97

Obstáculos e aberturas

O fim da infância	107
Círculos viciosos	117

O fantasma da crítica 123
Entrega.. 129
Paciência 135
Amadurecimento 139

Os frutos

Eros e a criação 149
Qualidade 155
Arte pela vida................................. 163
Luz no fim do túnel 171

Notas 177
Ilustrações 181
Bibliografia 183

Apresentação da Edição Brasileira

Se algum dia você precisou ter uma idéia e não conseguiu, este livro vai lhe ser útil.

À medida que o conhecimento sobre o ser humano avança, percebemos, mais e mais, os sinais de que seus limites são superáveis. A inteligência é uma meta democrática. Muitas de nossas capacidades analíticas e dedutivas podem, hoje em dia, ser treinadas e melhoradas com métodos precisos e eficientes. Porém, em relação à arte e ao processo criativo (embora tenhamos certeza da direção a seguir), os caminhos desse aprendizado ainda não estão completamente definidos.

Dentro dessa perspectiva, a contribuição deste livro é valiosa. Ele nos fala, numa linguagem natural e bastante argumentada, sobre os momentos mais delicados do ato criador.

O "fazer" tem a sua própria peculiaridade, e falar sobre ele é sempre difícil, mas estas deliciosas considerações sobre a criação, feitas por quem tem grande intimidade com a improvisação, vão despertar em você um envolvimento crescente.

Toda tentativa de organizar um conhecimento adquirido na prática dos processos criativos leva a uma necessária auto-observação. Essa necessidade de "enxergar o próprio pensamento" tem recebido a interessante contribuição das culturas orientais, que mostram novos ângulos de abordagem quando assimilamos e transformamos esses ensinamentos através de nosso filtro ocidental.

Necessário seria, porém, o equilíbrio e a serenidade para não escorregarmos atribuindo às forças divinas aquilo que ainda não conhecemos completamente.

Por outro lado, a abrangência da presente abordagem do ato criador leva a questão da criatividade para o cotidiano, o que faz este livro interessante mesmo para quem nunca tocou violino.

No dia-a-dia do ensino da arte, tentando fazer com que as pessoas se tornem criativas, tenho lidado freqüentemente com a questão de achar a coisa certa para dizer na hora certa, de modo que o aluno consiga dar o salto criativo. A vivência constante dessa situação tem me mostrado que, embora o tipo de estímulo varie muito de uma pessoa para outra, quando ele atinge o ponto certo, a reação é quase sempre a mesma. Alguma coisa reverbera dentro da pessoa e muda toda a sua concepção anterior do problema a ser resolvido. Várias soluções vão aparecendo e ela, com o olhar distante e um leve sorriso nos lábios, sente essa mudança se propagando em ondas suaves para além de seus próprios limites.

Este livro contém inúmeros estímulos dirigidos aos mais diversificados recantos de sua sensibilidade. Se um deles atingir o ponto e puder reverberar dentro de você, pelo seu sorriso terá valido a pena.

Dalton de Luca

Musico, arquiteto e professor
de desenho, dirige um curso
de criatividade na escola que
leva o seu nome.

*Pinte como quiser
e morra feliz.*
HENRY MILLER

Prólogo: a Nova Flauta

Um deus pode fazê-lo. Mas como um
homem pode penetrar as cordas da lira?
RANIER MARIA RILKE

Em sânscrito existe uma palavra, *lîla*, que significa "jogo", "brincadeira". Mais rica de sentidos do que as palavras correspondentes em nossa língua, ela significa brincadeira divina, o jogo da criação, destruição e recriação, o dobrar e desdobrar do cosmos. *Lîla*, profunda liberdade, é ao mesmo tempo a delícia e o prazer do momento presente e a brincadeira de Deus. Significa também "amor". *Lîla* pode ser a coisa mais simples que existe — espontânea, infantil, franca. Mas, à medida que crescemos e experimentamos as complexidades da vida, ela também pode ser a conquista mais dura e difícil, e chegar a desfrutá-la é como retornar ao nosso verdadeiro ser.

Quero começar por uma pequena história. Transcrita do folclore japonês,[1] ela abrange toda a viagem que faremos por estas páginas. Nos dá o sabor da conquista da livre expressão, da total liberdade criativa, da qual emergem a arte e a originalidade. É a história da jornada de um jovem músico, desde o mero talento até a arte genuína que emerge livre e desimpedida da própria fonte da vida:

Uma nova flauta foi inventada na China. Descobrindo a sutil beleza de sua sonoridade, um professor de música japonês levou-a para o seu país, onde dava concertos por toda parte. Uma noite, tocou com uma comunidade de músicos e amantes da música que viviam numa certa cidade. No final do concerto, seu nome foi anunciado. Ele pegou a nova flauta e tocou uma peça. Quando terminou, fez-se silêncio na sala por um longo momento. Então, a voz do homem mais velho da comunidade se fez ouvir do fundo da sala: "Como um deus!"

No dia seguinte, quando o mestre se preparava para partir, os músicos o procuraram e lhe perguntaram quanto tempo um músico

habilidoso levaria para aprender a tocar a nova flauta. "Anos", ele respondeu. Eles lhe perguntaram se aceitaria um aluno, e ele concordou. Depois que o mestre partiu, os homens se reuniram e decidiram enviar-lhe um jovem e talentoso flautista, um rapaz sensível à beleza, dedicado e digno de confiança. Deram-lhe dinheiro para custear suas despesas e as lições de música, e o enviaram à capital, onde o mestre vivia.

O aluno chegou e foi aceito pelo professor, que lhe ensinou uma única e simples melodia. No início, recebeu uma instrução sistemática, mas logo dominava todos os problemas técnicos. Agora, chegava para a sua aula diária, sentava-se e tocava a sua melodia — e tudo o que o professor lhe dizia era: "Falta alguma coisa". O aluno se esforçava o mais que podia, praticava horas a fio, dia após dia, semana após semana, e tudo o que o mestre lhe dizia era: "Falta alguma coisa". Implorava ao mestre que escolhesse outra música, mas a resposta era sempre "não". Durante meses e meses, todos os dias ele tocava e ouvia "Falta alguma coisa". A esperança de sucesso e o medo do fracasso foram se tornando cada vez maiores, e o aluno oscilava entre a agitação e o desânimo.

Finalmente, a frustração o venceu. Ele fez as malas e partiu furtivamente. Continuou a viver na capital por mais algum tempo, até que seu dinheiro acabou. Passou a beber. Finalmente, empobreci-

do, voltou à sua província natal. Com vergonha de mostrar-se a seus antigos colegas, foi viver numa cabana fora da cidade. Ainda mantinha sua flauta, ainda tocava, mas já não encontrava nenhuma nova inspiração na música. Camponeses que por ali passavam ouviam-no tocar e enviavam-lhe seus filhos para que ele lhes desse lições de música. E assim ele viveu durante anos.

Uma manhã, bateram à sua porta. Era o mais antigo mestre da cidade, acompanhado de seu mais jovem aluno. Eles lhe contaram que naquela noite haveria um concerto e que todos haviam decidido que não tocariam sem ele. Depois de muito esforço para vencer seu medo e sua vergonha, conseguiram convencê-lo, e foi quase num transe que ele pegou uma flauta e os acompanhou. O concerto começou. Enquanto esperava atrás do palco, nada perturbou seu silêncio interior. Finalmente, no final do concerto, seu nome foi anunciado. Ele subiu ao palco com fúria. Olhou para as mãos e percebeu que havia escolhido a nova flauta.

Agora ele sabia que não tinha nada a ganhar e nada a perder. Sentou-se e tocou a mesma melodia que tinha tocado tantas vezes para o mestre no passado. Quando terminou, fez-se silêncio por um longo momento. Então, a voz do homem mais velho se fez ouvir, soando suavemente do fundo da sala: "Como um deus!"

Introdução

Improvisação é um mistério. Pode-se até escrever um livro sobre o assunto, mas no fim ninguém sabe o que é. Quando improviso e estou em boa forma, é como se estivesse meio dormindo. Chego até a esquecer que existem pessoas na minha frente. Grandes improvisadores são como sacerdotes; estão pensando apenas no seu deus.

STÉPHANE GRAPPELLI

Sou músico, e uma das coisas que mais amo é me apresentar num solo totalmente improvisado no violino ou na viola. Existe algo energizante e desafiador em estar frente a frente com a platéia e criar uma peça musical que tem ao mesmo tempo o frescor do momento fugaz e — quando tudo funciona — a tensão e a simetria estrutural de um organismo vivo. Pode ser uma experiência extraordinária e muitas vezes mobilizadora de comunicação direta.

Quando toco dessa maneira, sinto que não sou eu que estou tocando; é mais como se alguém estivesse me ditando a música. Naturalmente, este é um sentimento que muitos compositores, poetas e outros artistas experimentam. Conta-se que um dos alunos de Bach lhe perguntou: "Professor, como é que o senhor consegue pensar em tantas melodias?". Ao que Bach lhe respondeu: "Meu garoto, minha maior dificuldade é evitar tropeçar nelas quando me levanto pela manhã". E existe ainda a famosa teoria de Michelangelo sobre a escultura: A estátua já está contida na pedra, sempre esteve na pedra desde o princípio dos tempos, e o trabalho do escultor é *vê-la* e *libertá-la*, retirando cuidadosamente o excesso de material. William Blake expressou mais ou menos a mesma idéia quando falou de "dissipar superfícies aparentes e mostrar o infinito, que está oculto".[2]

Este livro fala das forças interiores da criação espontânea. Fala do lugar de onde a arte vem. E digo arte no seu sentido mais amplo. Tenho visto um mecânico abrir o capô de meu carro e trabalhar com a mesma sensibilidade manual e visual, a mesma destreza e prontidão para absorver surpresas, a mesma ligação e entrega total que vemos num excelente pianista, pintor ou poeta.

Este livro se destina a pessoas de qualquer ramo de atividade que queiram entrar em contato com seus poderes criativos e desenvolvê-los. Seu propósito é difundir a compreensão, a alegria, a responsabilidade e a paz que nascem do uso total da imaginação humana.

Vamos descobrir como a música intuitiva, ou qualquer outra inspiração, brota de dentro de nós, como ela pode estar bloqueada, descarrilhada ou obscurecida por certos fatos inevitáveis da vida, e como ela é finalmente libertada — como *nós* somos finalmente libertados — para falar ou cantar, escrever ou pintar, com nossa voz autêntica. Essas questões nos conduzem diretamente a um território para onde parecem convergir muitas religiões e filosofias, assim como a genuína experiência do artista.

Qual é a Fonte em que vamos beber quando criamos? O que os antigos poetas queriam dizer quando falavam da Musa? Quem é ela? Onde nasce a imaginação? Quando os sons são realmente música? Quando linhas e cores são arte? Quando palavras são literatura? Quando lições são verdadeiro ensinamento? Como manter o equilíbrio entre estrutura e espontaneidade, disciplina e liberdade? Como a paixão do artista se codifica numa obra de arte? Como nós, criadores de arte, sabemos que a visão e a paixão que nos motivaram estão retratadas com precisão em nossa atividade criativa? Como nós, na qualidade de testemunhas do trabalho artístico, decodificamos ou liberamos essa paixão no momento em que o artista já se foi e temos apenas a obra de arte diante de nós, uma obra que vai ser vista, ouvida, lembrada e aceita? Como é se apaixonar por um instrumento ou por uma arte?

Comecei a escrever este livro para explorar as dimensões interiores da improvisação. Descobri que era fascinante que a concepção, a composição, a prática e a exibição de uma peça musical pudessem brotar num único momento e vir à tona de uma maneira inteira e satisfatória. Quando pela primeira vez me descobri improvisando, senti uma grande excitação de estar consciente de alguma coisa maior, uma espécie de comunhão espiritual que ia muito além da finalidade do fazer musical. Ao mesmo tempo, a improvisação expandia a finalidade e a relevância do fazer musical a ponto de desintegrar os limites artificiais entre arte e vida. Descobri uma liberdade que continha em si, ao mesmo tempo, estímulo e cobrança. Observando o momento da improvisação, descobri padrões relacionados com todos os tipos de criatividade, pistas de como viver uma vida autêntica, que se cria e se organiza por si mesma. Passei a ver a improvisação como a chave-mestra da criatividade.

Num certo sentido, toda arte é improvisação. Algumas improvisações são apresentadas no momento em que nascem, inteiras e de repente; outras são "improvisações estudadas", revisadas e reestruturadas durante certo tempo antes que o público possa desfrutá-las. Mesmo quando escreve música o compositor está improvisando (ainda que apenas mentalmente). Só depois ele vai refinar o produto de sua improvisação, aplicando a ele técnica e teoria. "Compor", escreveu Arnold Schoenberg, "é retardar a improvisação; muitas vezes não se consegue escrever numa velocidade capaz de acompanhar a corrente das idéias."[3] Obras de arte acabadas, que admiramos e amamos profundamente, são, num certo sentido, vestígios de uma viagem que começou e acabou. O que alcançamos na improvisação é a sensação da própria viagem.

A improvisação é a forma mais natural e mais difundida de fazer música. Até o século passado, era parte essencial da tradição musical do Ocidente. Leonardo da Vinci foi um dos pioneiros em improvisações na *viola da braccio*. Com seus amigos, compôs óperas inteiras em que tanto a poesia quanto a música eram criadas na hora.[4] Na música barroca, a arte de tocar um instrumento a partir de um baixo cifrado (um arcabouço harmônico que o executante preenchia de acordo com a inspiração do momento) lembra o jazz moderno, em que os músicos criam a partir de temas ou mudanças de acordes. Na época clássica, as cadências do violino, do piano e de outros instrumentos deviam ser improvisadas — o executante tinha a chance de dar o seu toque criativo à obra. Tanto Bach quanto Mozart ficaram famosos como improvisadores livres, ágeis e imaginativos, e existem muitas histórias comoventes ou divertidas sobre suas explorações nesse campo. Quando chegou a Viena, Beethoven se tornou conhecido como um surpreendente improvisador ao piano, e só mais tarde como compositor. Eis os relatos de dois músicos que testemunharam o fenômeno:

Creio que devo a essas improvisações de Beethoven minhas mais vívidas impressões musicais. Acredito que, sem tê-lo ouvido improvisar à vontade, não se pode apreciar perfeitamente o enorme alcance de seu gênio. Sua tempestuosa inspiração fazia jorrar tão adoráveis melodias e harmonias inesperadas, porque, dominado pela emoção da música, ele não se preocupava em buscar efeitos que poderiam lhe ocorrer se estivesse com a pena na mão.[5]

Ele sabia causar tal impressão na platéia que as lágrimas enchiam os olhos de todos os ouvintes, e alguns soluçavam abertamente: porque havia uma certa magia em sua expressão, além da beleza e da origi-

19

nalidade de suas idéias e de sua genial maneira de apresentá-las. Quando concluía uma improvisação desse tipo, ele era capaz de explodir numa gargalhada.[6]

Infelizmente, não havia gravadores nessa época. Portanto, quando os artistas queriam preservar sua música, tinham de demonstrar com a pena a mesma destreza que tinham no instrumento. Mozart talvez tenha sido o maior improvisador com pena e papel. Escrevia sem interrupção imaculadas partituras, inventando a música na velocidade que conseguia imprimir à pena, praticamente sem rasurar uma só linha. Beethoven, ao contrário, embora conhecesse intimamente os sons que queria produzir, embora os carregasse dentro da cabeça durante anos, só conseguia registrá-los no papel mediante um laborioso e vigoroso processo de esboço, correção, reescrita e redefinição. Seus cadernos eram uma enorme desordem; por meio deles é possível traçar, passo a passo, a evolução de seu pensamento musical.

No século XIX, o surgimento da sala formal de concertos pôs fim à improvisação. A Era Industrial trouxe consigo uma valorização excessiva da especialização e do profissionalismo em todos os campos de atividade. Os músicos, em sua grande maioria, viram-se restringidos a executar nota por nota as partituras escritas por um grupo de compositores que de alguma forma tinham acesso ao divino e misterioso processo de criação. A composição e a execução foram se separando gradualmente, em prejuízo de ambas. Formas clássicas e populares também foram se afastando cada vez mais, novamente em prejuízo de ambas. O novo e o velho perderam contato e continuidade. Entramos num período em que os freqüentadores de concertos passaram a acreditar que os bons compositores estavam mortos.

A improvisação voltou à cena neste século, principalmente na área jazzística. Mais tarde, a música indiana e outras tradições de improvisação devolveram ao músico o prazer da criação espontânea. Atrás dessas formas de extemporização sobre um tema ou dentro de um bloco estilístico, a livre improvisação e a invenção de novos estilos pessoais foram surgindo isoladamente. Hoje, muitos artistas estão se reunindo em grupos de câmara voltados à improvisação.

Uma onda de improvisação tem surgido como *modus operandi* de várias outras formas de arte, principalmente do teatro e da dança, em que a improvisação é usada não apenas como técnica capaz de produzir um novo trabalho dentro do estúdio, mas na forma de performances totalmente espontâneas apresentadas ao público como obra acabada. As artes plásticas criaram uma tradição de "automatismo"; pintores como Wassily Kandinsky, Yves Tanguy, Joan Miró e Gordon Onslow Ford encararam suas telas sem nenhum tema preconcebido, apenas permitindo que as cores e formas fluíssem de um impulso intuitivo e espontâneo do inconsciente. Nas *Improvisações*, séries de pinturas que constituíram a base para grande parte da arte do século XX, Kandinsky traça estados de espírito e transformações na forma como lhe ocorriam.

Existe em todas essas formas de expressão uma unidade de experiência que é a essência do mistério criativo. O âmago da improvisação é a livre expressão da consciência quando desenha, escreve, pinta ou toca o material bruto que emerge do inconsciente. E essa liberdade acarreta certo grau de risco.

Muitos músicos são extraordinariamente habilidosos na execução das notas impressas numa partitura, mas não sabem como essas notas foram parar lá e se sentem inseguros de tocar sem lê-las. Nesse aspecto, a teoria musical não ajuda em nada; ela apenas ensina as regras da gramática, mas não o que dizer. Quando me perguntam como improvisar, muito pouco do que posso dizer é sobre música. A verdadeira história fala da expressão espontânea, e é muito mais uma história espiritual e psicológica do que sobre a técnica de uma ou outra forma de arte.

Os detalhes de qualquer forma de arte — como tocar um violino, escrever um texto de prosa, fazer um filme ou ensinar — são naturalmente específicos; cada instrumento ou meio de expressão tem sua própria linguagem e seu próprio conteúdo. Mas existe uma espécie de metaconhecimento, um metafazer que ultrapassa estilos e formas; e é dessa essência que quero tratar nestas páginas. Embora certos princípios se apliquem a um campo em particular, existem outros aplicáveis a todos os campos da atividade criativa. Toda ação pode ser praticada como arte, como ofício ou como obrigação.

Como alguém aprende a improvisar? Ou como se aprende qualquer tipo de arte? Ou qualquer coisa? É uma contradição, um paradoxo. Este é o nó elementar: chegar para alguém e dizer "Seja espontâneo!". Submetemo-nos a professores de música, de dança, de literatura que podem criticar ou sugerir. Mas, por trás de todas as críticas e sugestões, o que eles realmente nos pedem é que "sejamos espontâneos", "sejamos criativos". E isso, naturalmente, é mais fácil dizer do que fazer.

Como é que alguém aprende a improvisar? A única resposta possível é uma outra pergunta: O que nos impede? A criação espontânea nasce de nosso ser mais profundo e é imaculadamente e originalmente nós. O que temos que expressar já existe em nós, *é* nós, de forma que trabalhar a criatividade não é uma questão de fazer surgir o material, mas de desbloquear os obstáculos que impedem seu fluxo natural.

21

Portanto, não se pode falar do processo criativo sem mencionar aquilo que lhe cria obstáculos: todo o lodo viscoso que o bloqueia, aquela insuportável sensação de estar atolado, de não ter nada a dizer. Esperamos que este livro possa servir como uma bomba de sucção capaz de eliminar os bloqueios à criatividade. Mas o processo de destruir bloqueios é um processo sutil. Seria ótimo se houvesse uma receita fácil: "Como quebrar bloqueios em sete lições". Infelizmente, não é assim que funciona o processo criativo. O único caminho para escapar à complexidade é atravessá-la. Em última instância, as únicas técnicas que podem nos ajudar são aquelas que nós mesmos inventamos.

Também não se pode falar de *um* processo criativo, porque as personalidades são diferentes e o processo criativo de uma pessoa não é igual ao de outra. Na luta pela expressão do ser, muitos seres podem ser expressos. Cada um precisa descobrir sua própria maneira de penetrar e atravessar esses mistérios essenciais.

Todos temos o direito de criar, o direito à realização e à satisfação pessoal. Nem todo mundo está disposto a se postar diante de uma platéia sem qualquer planejamento, esperando que a Musa se manifeste. Mas muitas pessoas se vêem numa situação semelhante. Talvez você deseje dominar um instrumento musical, expressar-se na pintura, libertar o romance que tem dentro de si. Talvez você esteja na escola, desejando convocar sua criatividade para escrever uma redação original. Ou deseje dar uma guinada nos negócios, descobrindo e executando algum projeto novo e nunca visto. Você pode ser um terapeuta em busca de uma saída para tratar um paciente, ou um ativista político à procura de uma maneira mais autêntica de fazer com que as pessoas se liguem ao que está acontecendo ao redor delas. Como criar uma nova maneira de administrar uma cidade que cresce desordenadamente, ou uma lei que resolva alguns dos complicados e insolúveis problemas que afligem um Estado, uma nação ou o mundo? Como descobrir uma nova maneira de conversar com o marido, a esposa ou a amante?

A literatura sobre a criatividade está cheia de histórias sobre experiências de ruptura, de *insight*. São momentos que ocorrem quando nos libertamos de algum impedimento ou medo e *bum!* — a Musa se manifesta. Alguma coisa imprevisível salta de dentro do ser e sentimos a clareza, o poder e a liberdade. A literatura zen, na qual tenho encontrado uma profunda análise de experiências de ruptura, está repleta de relatos de *kensho* e *sartori* — momentos de iluminação e de total mudança de coração. Há um momento na vida em que simplesmente chutamos uma porta aberta. Mas, em última instância, não existe nenhuma ruptura; o que descobrimos no transcorrer de uma vida criativa é uma série infinita de rupturas provisórias. Nessa viagem não há ponto de chegada, porque é uma jornada para dentro da alma. A música me ensinou a ouvir, não apenas o som, mas quem eu sou. Descobri a importância de nossas muitas tradições místicas ou esotéricas para a vida prática do fazer artístico. "Misticismo" não significa um nebuloso sistema de crenças ou fórmulas cabalísticas, mas uma experiência espiritual direta e pessoal. Nisso, difere das formas organizadas de religião, segundo as quais se deve acreditar em experiências de segunda mão, transcritas nos livros sagrados ou transmitidas pelos mestres. É o elemento místico que traz criatividade à religião. A atitude mística ou visionária expande e concretiza a arte, a ciência e a vida cotidiana. Vou acreditar no que o "Homem" me diz ou estou disposto a tentar experiências por mim mesmo e descobrir o que é realmente verdade para mim?

Nosso tema é inerentemente um mistério. Não pode ser plenamente expresso em palavras, porque diz respeito a profundos níveis espirituais pré-verbais. Nenhum tipo de organização linear pode fazer justiça a esse tema; por sua própria natureza, ele não pode ser contido absolutamente numa folha de papel. Olhar para o processo criativo é como olhar dentro de um cristal: quando fixamos os olhos numa face, vemos todas as outras refletidas. Neste livro, vamos olhar para um grande número de facetas, e voltar a observá-las de diferentes ângulos à medida que a visão for se aprofundando e se tornando mais complexa. Esses temas inter-refletidos, pré-requisitos da criação, são a alegria, o amor, a concentração, a prática, a técnica, o uso do poder dos limites, o uso do poder dos erros, o risco, a entrega, a paciência, a coragem e a confiança.

A criatividade é a harmonia de tensões opostas, encapsulada na nossa idéia irrestrita de *lîla*, ou brincadeira divina. À medida que acompanhamos o fluxo de nosso próprio processo criativo, oscilamos entre os dois pólos. Se perdemos a alegria, nosso trabalho se torna grave e formal. Se abandonamos o sagrado, nosso trabalho perde contato com a terra em que vivemos.

O conhecimento do processo criativo não substitui a criatividade, mas pode evitar que desistamos dela quando os desafios nos parecem excessivamente intimidadores e a livre expressão parece bloqueada. Se soubermos que nossos inevitáveis contratempos e frustrações são fases do ciclo natural do processo criativo, se soubermos que nossos obstáculos podem se transformar em beleza, poderemos perseverar até a concretização de nossos desejos. Essa perseverança é muitas vezes um verdadeiro teste, mas há meios de passar por ele, há placas de sinalização. E a batalha, que é certamente para toda a vida, vale a pena. É uma batalha que gera um incrível prazer e uma enorme alegria. Todas as nossas tentativas são imperfeitas, mas cada uma dessas tentativas imperfeitas traz em si a oportunidade de desfrutar um prazer que não se iguala a nada neste mundo.

O processo criativo é um caminho espiritual. E essa aventura fala de nós, de nosso ser mais profundo, do criador que existe em cada um de nós, da originalidade, que não significa o que todos nós sabemos, mas que é plena e originalmente nós.

As Fontes

Inspiração e o Fluir do Tempo

Aquele que se prende à alegria
destrói as asas do viver;
mas aquele que beija a alegria durante o
vôo vive um eterno amanhecer.

WILLIAM BLAKE

Quando se fala de *improvisação*, a tendência é pensar numa forma livre de fazer música, teatro ou dança; mas, além de suas próprias delícias, essas formas de arte são uma porta para uma experiência total na vida cotidiana. Todos nós somos improvisadores. A forma mais comum de improvisação é a fala. Quando falamos e ouvimos, estamos recorrendo a um conjunto de blocos (vocabulário) e de regras para combiná-los (gramática). E esses nos são oferecidos pela nossa cultura. Mas as frases que construímos com eles talvez nunca tenham sido ditas antes e nem venham a ser ditas depois. Toda conversa é uma forma de jazz. A atividade da criação instantânea é tão normal para nós quanto a respiração.

Não importa o que estejamos criando, seja arte ou seja um simples prato culinário, improvisamos quando seguimos o fluir do tempo e o desdobrar de nossa consciência, e não um roteiro predeterminado ou uma receita. Na criação da obra de arte, há dois momentos distintos: o momento da inspiração, em que uma intuição de beleza ou verdade chega ao artista, e a luta, geralmente difícil, para manter a inspiração durante tempo suficiente para transportá-la para o papel ou a tela, para o filme ou a pedra. Um romancista pode ter um momento de *insight* (literalmente um *flash*) em que se revelam o nascimento, o significado e o propósito de um novo livro, mas talvez leve anos para escrevê-lo. Durante esse tempo, enquanto tem que manter as idéias frescas e claras, ele precisa comer, viver, ganhar dinheiro, sofrer, conviver com os amigos e fazer todas as coisas que um ser humano faz. Na música ou no teatro, existe ainda um terceiro momento: além do momento (ou momentos) da inspiração e do tempo necessário para a criação, existe ainda o momento da apresentação da obra ao público. Muitas vezes uma música só é executada publicamente após a morte do compositor.

Na improvisação, há apenas um momento. A inspiração, a estruturação técnica e a criação da música, a execução e a exibição perante uma platéia ocorrem simultaneamente, num único momento, em que se fundem memória e intenção (que significam passado e futuro) e intuição (que indica o eterno presente). O ferro está sempre em brasa.

A inspiração, vivenciada como um *flash* instantâneo, é uma experiência deliciosa e revigorante que pode se prolongar por toda a vida. A criação de um simples verso traz consigo uma incrível corrente de energia, coerência e clareza, exaltação e exultação. Nesse momento, a beleza é palpável, viva. O corpo se sente forte e leve. A mente parece flutuar facilmente pelo mundo. Emily Dickinson disse que o poema é exterior ao tempo. A improvisação é também chamada de extemporização, que significa tanto "fora do tempo" quanto "proveniente do tempo".

Mas esse belo sentimento não é suficiente. Como muitas outras sensações de beleza ou de alegria, ele pode nos trair surgindo num momento e desaparecendo no momento seguinte. Para resultar numa obra de arte tangível, ou numa contínua improvisação, a inspiração criativa precisa se sustentar no tempo. Fazer arte apenas pelo sentimento de totalidade e comunhão no momento da inspiração seria o mesmo que fazer amor apenas pelo momento do orgasmo.

A tarefa do improvisador é portanto esticar esses momentos, prolongá-los até que eles se misturem à atividade do dia-a-dia. Então começamos a vivenciar a criatividade e a improvisação como uma atividade normal em nossa vida. O ideal — do qual podemos nos aproximar, mas que nunca atingimos plenamente, porque todos nós nos sentimos bloqueados durante certos períodos — seria um fluxo ininterrupto de vivências momentâneas. É a isso que muitas tradições espirituais se referem quando falam de "cortar lenha, carregar água" — trazer para as atividades rotineiras da vida diária a luminosidade, a profundidade, a simplicidade contida na complexidade que vivenciamos nos momentos de inspiração. Então poderemos dizer, como os balineses: "Não temos arte. Tudo o que fazemos é arte". Poderemos levar uma vida ativa sem nos prendermos tanto a roteiros ou rígidas expectativas: fazer sem se preocupar com o resultado, porque o fazer é em si mesmo o resultado.

Caminhar por uma cidade desconhecida seguindo a intuição é muito mais gratificante do que uma excursão planejada por lugares testados e aprovados. Mas esse passeio é totalmente diferente de perambular a esmo. Mantenha os olhos e ouvidos bem abertos e deixe-se guiar por seus gostos e aversões, seus desejos e irritações conscientes ou inconscientes, seus palpites irracionais, cada vez que for preciso decidir virar à direita ou à esquerda. Você estará abrindo uma trilha só sua, que o colocará frente a frente com surpresas destinadas exclusivamente a você. Encontrará amigos, pessoas interessantes. Viajando dessa maneira você estará livre; não existem deveres e obrigações. A única coisa que você talvez precise planejar é o horário de partida do avião. Daí para a frente, à medida que as pessoas e os lugares foram se desdobrando à sua frente, a viagem, como uma peça musical improvisada, irá revelando sua estrutura interna e seu próprio ritmo. Cabe a você criar o cenário para encontros decisivos.

Existem muitas situações em que somos impropriamente solicitados a planejar ou roteirizar o futuro. A comunicação que se estabelece no relacionamento humano, em particular, torna-se confusa e distorcida quando não vem diretamente da mente e do coração. É por isso que instintivamente sentimos a falsidade dos discursos políticos. Geralmente sentimos um certo mal-estar sempre que alguém lê um discurso preparado — mesmo um bom discurso — em vez de nos falar diretamente. Se você for dar uma palestra, convém preparar o que deve dizer para organizar suas idéias, mas, quando estiver diante do público, jogue fora os rascunhos e fale diretamente com as pessoas presentes.

Muitas escolas seguem um programa que estipula o que os alunos devem aprender, e ainda como e quando eles vão aprender. Mas numa verdadeira sala de aula, seja no jardim-de-infância, na universidade ou na escola da vida, existem pessoas com necessidades particulares e diferentes níveis de conhecimento. Um empurrãozinho numa determinada direção pode mudar a perspectiva do aluno; depois de uma discussão, ele saberá que uma determinada leitura será conveniente, pois lhe parecerá o passo seguinte no fluxo natural do aprendizado. Não se pode planejar essas coisas. É preciso ensinar cada pessoa, cada classe, em cada momento: cada caso exige uma atenção particular. Planejar o aprendizado sem conhecer as pessoas que irão aprender, suas potencialidades e deficiências, a maneira como elas interagem, significa impedir que as surpresas e o verdadeiro aprendizado ocorram. A arte do professor é pôr em contato, no tempo real, os corpos vivos dos estudantes com o corpo vivo do conhecimento.

Mas também existem situações em que um comportamento planejado é apropriado. Se vou dar um concerto improvisado, posso deixar que aquilo que vou tocar e a maneira como vou tocar fluam do meu sentimento no momento. Mas se anunciei meu concerto para as 8h30 da noite de sábado, e as pessoas planejaram suas vidas para chegar a essa hora, então, aconteça o que acontecer, vou estar lá e pronto para tocar. E se esse concerto estiver programado para uma outra cidade, a última coisa que desejaria enfrentar seria uma improvisação nos horários das companhias aéreas.

Um amigo meu que é médico me perguntou o que um assunto tão efêmero como a criatividade espontânea tem a ver com alguém como ele, cujo trabalho é prático e científico. Eu lhe respondi com uma pergunta: "Onde está a arte na medicina?". Ele me disse que na falsa medicina o médico encara o paciente como um exemplo de um livro de casos médicos: vê o paciente como um grupo genérico de sintomas e tenta classificá-lo de acordo com o que seus professores lhe ensinaram. Na verdadeira medicina, cada pessoa é única — num certo sentido, o médico deixa de lado o conhecimento puramente técnico. Ele mergulha no caso, deixando que sua visão se forme de acordo com aquele contexto particular. É claro que ele usa aquilo que aprendeu, utiliza seus conhecimentos como referência, tenta compreendê-los, baseia-se neles, mas não permite que eles o ceguem para a pessoa de carne e osso que está à sua frente. Dessa forma, ele ultrapassa o campo da competência para entrar no campo da *presença*. Para fazer qualquer coisa com arte é preciso adquirir técnica, mas criamos *por meio* de nossa técnica, e não *com* ela.

A fidelidade ao momento presente exige uma contínua entrega. Talvez estejamos nos entregando a algo delicioso, mas ainda assim temos de desistir de nossas expectativas e de um certo grau de controle sobre nossa vida. Continuamos engajados na importante atividade de planejar — não para trancar o futuro num esquema rígido, mas para afinar o ser. Quando planejamos, focalizamos nossa atenção no campo em que estamos prestes a entrar; então nos libertamos do plano e descobrimos a realidade do fluir do tempo. Assim, passamos a viver em sincronicidade.

Como músico improvisador, não estou no campo da música, nem da criatividade; estou no campo da entrega. Improvisar é aceitar, a cada respiração, a transitoriedade e a eternidade. Sabemos o que *poderá* acontecer no dia seguinte ou no minuto seguinte, mas não sabemos o que vai acontecer. Na medida em que nos sentimos seguros do que vai acontecer, trancamos as possibilidades futuras, nos isolamos e nos defendemos contra essas surpresas essenciais. Entregar-se significa cultivar uma atitude de não saber, nutrir-se do mistério contido em cada momento, que é certamente surpreendente, e sempre novo.

Desde os anos 60, a questão psicológica de viver o momento presente tem se tornado uma preocupação constante. Ela passou a ser vis-

30

ta como uma das chaves da realização pessoal e, sob diversas formas, tem sido o ensinamento de milhares de mestres e gurus. A popularidade dessa idéia nos revela que tocamos numa questão de vital importância para nossa época, e ela floresce em todos os campos, do amor romântico à física quântica.

Uma verdade que comprovamos na prática em nossa vida é que não sabemos nem podemos saber o que vai acontecer no dia ou no minuto seguinte. O inesperado nos aguarda a cada esquina e a cada respiração. O futuro é um mistério que se renova perpetuamente. Quanto mais vivemos e conhecemos, maior é esse mistério. Quando nos livramos das idéias preconcebidas que nos cegam, somos virtualmente impulsionados por cada circunstância a viver o momento presente: o presente, o presente total, e nada mais que o presente. É esse estado mental que a improvisação nos ensina e fortalece em nós, um estado de mente em que o aqui-e-agora não é apenas uma idéia, mas uma questão de vida ou morte, a partir da qual podemos aprender a confiar — a acreditar que o mundo é uma perpétua surpresa em perpétuo movimento. E um perpétuo convite à criação.

Qualquer bom músico de jazz possui inúmeros truques de que pode se servir quando se vê num beco sem saída. Mas para improvisar você precisa abandonar esses truques, entrar no vazio e aceitar riscos, até mesmo o de dar com a cara no chão de vez em quando. Na verdade, o que o público mais adora é nos ver cair. Porque então pode ver como conseguimos nos levantar e ir em frente.

A vida criativa é uma vida de riscos. Seguir o próprio curso, sem o molde estabelecido por pais, colegas ou institui-

ções, envolve um frágil equilíbrio entre tradição e liberdade pessoal, um frágil equilíbrio entre apegar-se aos próprios princípios e estar aberto à mudança. Embora, sob alguns aspectos, você esteja vivendo uma vida normal, por outro lado você é um pioneiro, aventurando-se num território desconhecido, quebrando moldes e modelos que inibem o desejo do coração, criando vida à medida que ela se desenrola. Ser, atuar, criar no momento presente, sem muletas ou suportes, sem segurança, pode proporcionar um supremo prazer, mas também pode dar medo. Dar um passo para o desconhecido pode levar à alegria, à poesia, à invenção, ao humor, a amizades para toda a vida, à realização pessoal e, ocasionalmente, a grandes *insights* criativos. Mas também pode levar ao fracasso, ao desapontamento, à rejeição, à doença e até à morte.

No trabalho criativo, jogamos abertamente com a transitoriedade de nossa vida, com uma certa consciência de nossa morte. Ouçamos a música que Mozart compôs no fim da vida: nela ouviremos a leveza, a energia, a transparência e o bom humor, mas também o sussurro de fantasmas. A vida e a morte estavam muito próximas dele. Foi exatamente essa intensa comunhão com as forças primais que se fundiam nele — e a liberdade com que ele tocava com essas forças — que fez de Mozart o artista soberbo que ele foi.

Cada momento é precioso precisamente porque é efêmero e não pode ser repetido, corrigido ou capturado. Achamos que tudo o que é precioso deve ser guardado e preservado. Queremos registrar a beleza, um desempenho inesperado. De fato, muitas grandes performances têm sido gravadas, e estamos felizes por possuí-las. Mas as melhores performances escapam à câmara, ao gravador ou à caneta. Acontecem no meio da noite, quando o músico toca para um amigo especial à luz da lua; acontecem no camarim, pouco antes do espetáculo. O fato de a improvisação se desvanecer nos faz entender que cada momento da vida é único — como um beijo, um pôr-do-sol, uma dança, uma piada. Nada voltará a ocorrer exatamente da mesma maneira. Tudo acontece apenas uma vez na história do universo.

O Veículo

Existe uma vitalidade, uma força vital, uma energia,
uma vivacidade que é traduzida em ação por seu
intermédio, e como em todos os tempos só existiu
uma pessoa como você, essa expressão é única. Se
você a bloquear, ela jamais voltará a se manifestar
por intermédio de qualquer outra pessoa,
e se perderá.

MARTHA GRAHAM

Cada música que executamos, cada dança, cada desenho, cada episódio de nossa vida reflete nossa mente, inteira em todas as suas imperfeições, exatamente como é. Na improvisação, estamos especialmente conscientes desse reflexo: como não podemos voltar atrás, não há como cortar, emendar, fixar, retocar ou se arrepender. Nesse aspecto, a música espontânea lembra a caligrafia oriental ou a pintura a nanquim. O deslizar do pincel embebido em tinta negra sobre uma fina e frágil folha de papel não permite que um único traço seja apagado ou refeito. O pintor-caligrafista lida com o espaço como se fosse tempo. O impulso individual que nasce do ventre e se comunica para o ombro, e daí para a mão, para o pincel e para o papel, deixa seu traço definitivo, um momento único congelado para sempre no papel. As peculiaridades e imperfeições, que estão ali para qualquer um ver, são a marca da natureza original do calígrafo. Essa peculiaridade com que nos expressamos por meio do corpo, da fala, da mente ou do movimento é o que chamamos *estilo*, o veículo pelo qual o ser se move e se manifesta.

A essência do estilo é a seguinte: existe algo em nós que pode receber várias denominações, mas que por enquanto vamos chamar de natureza original. Nascemos com uma natureza original, mas, à medida que crescemos, vamos nos adaptando aos padrões culturais e familiares, ao ambiente físico e às circunstâncias da vida diária. Aquilo que nos é ensinado se solidifica como "realidade". Nossa *persona*, a máscara que mostramos ao mundo, se cria passo a passo a partir de nossa experiência e de nossa educação, desde a infância até a idade adulta. Construímos o mundo por meio de atos de percepção, aprendizado e expectativa. E, por meio dos mesmos atos de percepção, aprendizado e expectativa, construímos nosso "ser". O mundo e o ser se interligam a cada passo e a cada bloco dessa construção. Se as duas construções, a do ser e a do mundo, se realizam de uma forma harmônica e adaptada desde a infância até a idade adulta, nos tornamos "indivíduos bem-ajustados". Se elas não se harmonizam bem, podemos experimentar sentimentos de divisão interna, solidão ou alienação.

Se acontece de nos tornarmos artistas, nosso trabalho assume, em certa medida, o estilo da época: a roupagem que recebemos de nossa geração, de nosso país, de nossa língua, de nosso ambiente, das pessoas que nos influenciaram.

Mesmo quando nos tornamos adultos "bem-ajustados", tudo o que fazemos e somos — nossa letra, o timbre de nossa voz, a maneira como sopramos um instrumento, o modo como usamos a linguagem, a expressão de nosso olhar, nossas impressões digitais —, todas essas coisas são sintomas de nossa natureza original, revelam a marca de nosso estilo ou de nosso caráter mais profundo.

Muitas vezes se imagina que na improvisação se pode fazer qualquer coisa. Mas ausência de planejamento não significa necessariamente que o trabalho seja feito ao acaso e arbitrariamente. A improvisação tem suas regras, mesmo que essas regras não sejam fixadas *a priori*. Quando somos totalmente fiéis à nossa individualidade, estamos na verdade seguindo um esquema bastante intrincado. Esse tipo de liberdade é o oposto de "qualquer coisa". Nós nos conduzimos de acordo com regras inerentes à nossa natureza. Como seres moldados pela cultura, somos incapazes de produzir qualquer coisa aleatória. Nem mesmo um computador pode ser programado para produzir números aleatórios; o máximo que podemos fazer é criar um padrão tão complexo que dê a ilusão de aleatoriedade. O conjunto corpo-mente possui um altíssimo grau de organização e estruturação, fruto de centenas de milhões de anos de evolução. A pessoa que improvisa não opera a partir de um vácuo, mas de três bilhões de anos de evolução orgânica: tudo o que já fomos está codificado em algum lugar dentro de nós. Além dessa longa história, temos algo mais a que recorrer: o diálogo com o Ser — um diálogo que não se estabelece apenas com o passado, mas com o futuro, com o ambiente, e com o divino que existe dentro de nós. Quando fazemos música, escrevemos, falamos, desenhamos ou dançamos, a lógica interna, inconsciente, de nosso ser se revela e molda o material. Este rico e profundo padrão é nossa natureza original que se imprime como um selo em tudo o que somos ou fazemos.

34

Acima, Bach; abaixo, Beethoven.

Podemos perceber o caráter de uma pessoa na maneira como ela anda, dança, descansa ou escreve. Os impulsivos garranchos e rabiscos presentes nas partituras de Beethoven revelam a incontrolável rebeldia e a integridade de sua mente. A fluência e a nitidez das partituras de Bach revelam uma mente clara e organizada. Estilo e personalidade brotam de cada traço que eles produziram. O estilo é o veículo de sua grande paixão, não apenas pessoal, mas transpessoal. Observemos a força e a liberdade do traço de um contemporâneo de Bach, Hakuin, o grande pintor japonês e reformador do zenbudismo, e dos monges artistas de sua escola. Dentre suas obras, são particularmente conhecidos os *ensos*, retratos da mente e da realidade que consistem em nada mais do que um O, um círculo impresso no papel numa só pincelada. Existe muito mais nesse simples círculo do que o olhar é capaz de registrar. O caráter desse O, as variações e inclinações da curva, seu peso e sua textura, seus meneios e imperfeições, revelam um imprimátur que nasce de um lugar muito mais profundo do que o estilo da época, muito mais profundo do que a habilidade técnica ou a personalidade superficial.

Praticamente todas as tradições espirituais estabelecem uma distinção entre o ego e o Ser mais profundo e criativo: o pequeno ser em oposição ao grande Ser. O grande Ser é transpessoal, ultrapassa a individualidade, o terreno comum que todos partilhamos.

William Blake fez uma curiosa e interessante observação: "Jesus era todo virtude, e agia por impulso, não segundo regras".[7] Normalmente imaginamos que a virtude se origina da obediência às regras e não do impulso, e também que agir por impulso é loucura e selvageria. Mas se Jesus tivesse seguido as regras da moralidade e da virtude convencionais, teria morrido velho como qualquer cidadão leal ao Império Romano. O impulso, como a improvisação, não é "qualquer coisa", não é algo sem estrutura, mas a expressão de uma estrutura orgânica, imanente e autocriadora. Blake via em Jesus a encarnação de Deus, um ser que agia não de acordo com as limitadas idéias alheias, mas em harmonia com o Ser maior e mais profundo, um Ser que está além da consciência e é a totalidade do universo vivo, que se expressa impulsivamente, espontaneamente, por meio dos sonhos, da arte, do mito, da espiritualidade.

Com aquele simples O, os artistas zen tinham o talento de concentrar a totalidade do Ser nos atos mais simples. Aquele simples e espontâneo O é o veículo do *self*, o veículo da evolução, o veículo da paixão. É o simples e enorme sopro de Deus, sem as complicações do foi e do devia ser, sem perguntas e explicações. Como nosso flautista descobriu, esse imprimátur jamais pode ser obtido com estudo e repetição. Hakuin escreveu: "Quando se esquece de si mes-

36

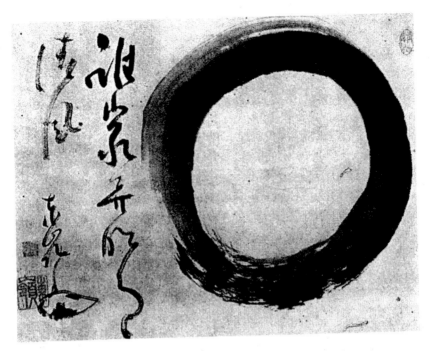

mo, você se torna o universo".[8] Essa misteriosa entrega, a criativa surpresa que nos liberta e nos abre para o mundo, permite que algo brote espontaneamente. Se formos transparentes, se nada tivermos a esconder, o abismo entre a linguagem e o Ser desaparece. Então a Musa pode se manifestar.

A Corrente

Ali naquele andaime repousa Michelangelo.
Mais silenciosa do que um camundongo,
sua mão se move de um lado para outro.
Como uma mosca flutuando na correnteza,
sua mente se move no silêncio.

W. B. YEATS

Vamos voltar à idéia de Michelangelo de remover superfícies aparentes para revelar ou libertar a estátua que está contida na pedra desde o início dos tempos. Michelangelo dizia-se guiado por uma faculdade que ele chamava *intelleto*. *Intelleto* significa inteligência, não a inteligência meramente racional, mas a inteligência visionária, uma profunda *visão* dos padrões ocultos sob as aparências. Nesse aspecto o artista é um arqueólogo, que revela camadas cada vez mais profundas à medida que trabalha, que recupera não apenas antigas civilizações, mas algo que ainda está por nascer, algo nunca visto nem ouvido antes, a não ser pelo olho interior, pelo ouvido interior. Ele não está apenas removendo superfícies aparentes de um objeto externo, está removendo superfícies aparentes do Ser, revelando sua natureza original.

Os antigos taoístas diziam que o ser em estado de meditação é um "bloco de tempo ainda não esculpido".[9] O que a pedra é para o escultor o tempo é para o músico. Sempre que se prepara para tocar, o que o músico tem diante de si é um bloco de tempo ainda não esculpido. A partir desse vácuo aparentemente sem forma, ele pode talvez fazer deslizar um arco de violino, um instrumento capaz de escavar e moldar o tempo — ou, em outras palavras, de revelar ou libertar as formas que estão latentes naquele único momento do tempo.

No ato de improvisação, podemos fazer muitas coisas conscientemente. Podemos dizer a nós mesmos que um determinado tema precisa ser repetido; que um novo trecho deve se mesclar a outro que surgiu alguns minutos antes; que algo é horrível e deve ser cortado;

que algo é ótimo e deve ser desenvolvido; que algo nos dá a sensação de estarmos nos aproximando do final; e assim por diante. Estamos trabalhando sobre uma corrente contínua de padrões emergentes. Podemos modificar a música, repeti-la, fazê-la mais segmentada, mais simétrica, mais longa ou mais curta. Todas essas operações podem ser ensinadas e aprendidas. Mas o conteúdo sobre o qual estamos trabalhando não pode ser ensinado ou aprendido. Está ali simplesmente para ser visto, ouvido, sentido, não pelos cinco sentidos, mas por uma faculdade semelhante ao que Michelangelo chamou de *intelleto*.

O que é então essa corrente aparentemente infinita de sons, movimentos, imagens ou palavras que brota dentro de nós sempre que o permitimos? Numa certa medida, é a corrente da consciência, um rio de lembranças, fragmentos de melodias, emoções, fragrâncias, anseios, antigos amores, fantasias. Mas sentimos algo mais, algo que ultrapassa o campo meramente pessoal, algo que se origina de uma fonte que é ao mesmo tempo muito antiga e muito nova. A matéria-prima é a corrente do grande Tao, que flui através de nós, misteriosamente, sem começo nem fim. Assim como sua fonte, ela não aparece ou desaparece, não cresce nem diminui, não é pura nem impura. Podemos escolher mergulhar ou não mergulhar nela; podemos nos descobrir involuntariamente abertos ou fechados para ela. Mas ela está sempre lá.

Em todo o mundo, as religiões estão cheias de referências a essa misteriosa corrente; *ch'i* na China e *ki* no Japão (a encarnação do grande Tao em cada indivíduo); *kundalini* e *prana* na Índia; *mana* na Polinésia; *orendé* e *manitu* entre os iroqueses e algonquinos; *axé* no candomblé afro-brasileiro; *baraka* para os sufis do Oriente Médio; *élan vital* em Paris. O que essas idéias têm em comum é que a pessoa é o recipiente ou o condutor dessa força transpessoal — uma força que pode ser desenvolvida mediante vários tipos de práticas, que pode ser bloqueada por negligência, falta de prática ou medo, que pode ser usada para o bem ou para o mal. Embora ela flua através de nós, não a possuímos. Ela surge como fator principal nas artes, na cura, na religião.

Ouvindo hoje as gravações de Pablo Casals das suítes para *cello* de Bach, feitas há mais de meio século, em meados da década de 30, sinto que o som tem uma qualidade que *atravessa* meu corpo. Vibra em todo o meu corpo como uma folha na tempestade. Não sei como chamá-la. Poder? Força vital? Entretanto, termos como *força* ou *energia* podem induzir ao erro, porque não estamos nos referindo a uma energia física, no sentido de massa vezes velocidade, nem à energia metabólica que o corpo produz a partir dos alimen-

40

tos. Qualquer pessoa que, como um músico, lide com essas questões na vida prática sabe que considerar esse fenômeno uma simples metáfora é cometer um enorme erro.

Aquilo de que xamãs, artistas, curandeiros e músicos estão falando não é uma força ou uma energia, embora se expresse e se transmita em flutuações de energia (da mesma forma como a música é transmitida em flutuações de ondas sonoras ou ondas de rádio). Não pertence ao reino da energia, mas ao reino da informação, da *configuração*.

Olhando agora, sobre o mar, os pássaros, a vegetação, vejo que absolutamente tudo na natureza nasce do confronto entre o poder da livre expressão e o poder dos limites. Os limites podem ser intrincados, sutis e duradouros como a estrutura genética da laranjeira que tenho à minha frente. Mas a configuração intrínseca do mar, a configuração intrínseca da laranjeira ou das gaivotas brota organicamente; é uma configuração que tem uma organização própria. A atividade auto-organizada surge, se transforma lentamente, muda subitamente, aprende com os erros, interage com o meio ambiente. Esses processos criativos inerentes à natureza são chamados por alguns de evolução, por outros de criação. O fluxo infinito dessa configuração das configurações através do tempo e do espaço é o que os chineses chamam Tao.

Nos mitos, os deuses-criadores, usando os materiais simples que têm nas mãos — a água, o fogo, a luz da lua, o barro —, improvisam a terra e o mar, o mundo animal e vegetal, a sociedade humana, as artes, o cosmos e a história. Esses processos criativos são um paradigma de como os nossos processos criativos funcionam nesses especiais momentos de beleza em que a obra flui e se expressa e processo e produto são uma coisa só.

O criativo e o receptivo, o fazer e o sentir formam um par que vibra em harmonia, em mútuo relacionamento e mútua interação. Ao se entregar às formas arquetípicas latentes na pedra, Michelangelo não produziu estátuas, mas libertou-as. Ele seguiu conscientemente a idéia platônica de que o aprendizado é na verdade memória. No diálogo *Meno*, por exemplo, Platão mostra como Sócrates consegue libertar num escravo supostamente ignorante o mais recôndito conhecimento matemático e filosófico simplesmente fazendo as perguntas certas da maneira certa. Esse profundo e inato padrão de informação está holograficamente presente em todas as coisas, não apenas no mármore de Carrara de Michelangelo, mas em tudo, no nós-em-interação-com-tudo, no nós-reflexo-de-tudo. É como se houvesse alguma coisa subjacente a essa folha de papel, um padrão cuja configuração estou tentando captar e tornar visível quando escrevo estas palavras.

41

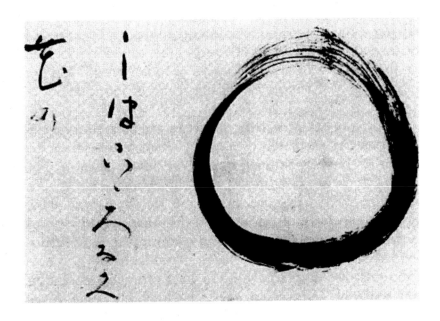

A metáfora da escultura pode nos levar a imaginar que *intelleto* seja a visão de uma essência estática ou ideal. Mas o conhecimento a que temos acesso é o *intelleto* de uma realidade dinâmica em constante movimento — um fluxo não aleatório, mas que é em si mesmo a configuração das configurações. Quando temos uma inspiração, no amor, na criação, na música, na literatura, nos negócios, no esporte ou na meditação, estamos sintonizados com esse presente eterno, com o ambiente sempre mutável do conhecimento sobre a profunda estrutura de nosso mundo, com esse fluir eterno do Tao.

A Musa

O processo mental intuitivo parece funcionar de trás
para a frente. As conclusões antecedem as premissas.
Isso não ocorre porque os passos que ligam
conclusões e premissas tenham sido omitidos,
mas porque esses passos são dados pelo inconsciente.
FRANCES WICKES

Para estarmos ilimitadamente abertos aos sons, às visões e aos sentimentos no trabalho que se coloca diante de nós, precisamos ouvir a voz de nossa intuição — nossa Musa, ou nosso Gênio, como eles costumam ser chamados. Os romanos acreditavam que cada um de nós tem seu próprio "gênio", uma deidade familiar ou guia espiritual. Nosso gênio sente e reflete tudo o que nos cerca; transformamos a matéria, o tempo e o espaço por intermédio de nosso ser original.

A fonte da inspiração criativa tem sido representada nas mais variadas culturas na forma de uma mulher, de um homem ou de uma criança. A musa feminina é uma figura que conhecemos por meio da mitologia grega e dos poetas renascentistas. Suas raízes remontam à Mãe.Terra. É a deusa da sabedoria, Sophia. Na forma masculina, ela aparece na figura de Khidr ou do vigoroso ferreiro, profeta e deus solar Los. A musa criança é a figura alegórica da Brincadeira.

Na aquarela de Blake *Bright-eyed fancy*, uma jovem paira sobre um poeta-músico que está tocando sua lira. Ela derrama sobre ele uma cornucópia cheia de idéias sob a forma de elfos e duendes, que o poeta tenta apanhar antes que eles se evaporem no ar.

Khidr, representado pelos sufis na forma de um homem vestido num manto verde e luminoso, era um guia secreto que sussurrava ao ouvido de Moisés e de outros profetas, um guia que pode aparecer a qualquer um de nós num momento de necessidade, quando nossa língua precise ser libertada. O manto verde não é na verdade uma roupa, mas a vegetação da Terra. Khidr é também conhecido como

"Verdejante", e possui muitas das qualidades que no Ocidente costumamos atribuir tanto à Musa como à Mãe Terra. Masculina ou feminina, a voz da biosfera jorra de dentro de nós, sussurrando urgentes mensagens das profundezas. Khidr é o "ouro verde" que os alquimistas tentavam produzir, a cor da folhagem que brilha à luz do sol. Essa cor é uma fusão da vida terrena e da vida celestial. Não é uma abstração nem um sonho místico, mas a fotossíntese, uma química que se processa diariamente e que nós dá a vida. Cada imagem da musa reflete uma das infinitas formas que a criatividade pode assumir. Eis uma diferente: imagine como você se sentiria se, em vez de digitar um texto num computador ou escrevê-lo a mão, fosse ditando as palavras a um elefante bebê que segurasse um estilete na tromba. Na Índia existe um deus chamado Ganesha, que é metade menino, metade elefante. Assim como Homero, os antigos poetas da Índia eram analfabetos, mas Ganesha, que sabia ler e escrever, lhes servia de secretário. O imenso poema épico *Mahabarata* foi ditado pelo poeta Vyasa a Ganesha. O deus aceitou transcrever o poema, treze vezes mais longo que a Bíblia, com a condição de que Vyasa não parasse de improvisar seus versos até que a gigantesca lenda fosse inteiramente contada. Vyasa concordou, sob a condição de que Ganesha escrevesse apenas o que pudesse entender. Se não entendesse alguma coisa, teria que parar e pensar sobre ela até compreendê-la. Costumamos pensar que a Musa seja uma força eterna de inspiração que se manifesta por intermédio do poeta, mas o mito de Ganesha inverte esse relacionamento. Mostra-nos que a inspiração brota diretamente do coração do poeta e não precisa de qualquer explicação, nem prova, nem fonte divina; o que precisa ser explicado é a técnica (da palavra grega *techne*, que significa "arte"). O fenômeno divino não é a inspiração, mas a arte com que a inspiração se realiza.

As musas não vivem apenas no mito ou na lenda, mas também na nossa existência cotidiana. Somos livres para criar nossas próprias musas segundo nossas necessidades. Fundei com alguns amigos um grupo de improvisação de música, dança e teatro que chamamos Congregação. Um dia, estávamos reunidos no estúdio, sentindo completamente bloqueado o trabalho criativo que tínhamos planejado realizar juntos, cada um angustiado com suas próprias frustrações, quando Terry Sendgraff encontrou uma velha bola de tênis rachada num canto da sala. Ela apanhou a bola e a amassou na mão. A rachadura se abria e fechava à medida que ela apertava a bolinha. Uma saliência na parte superior da rachadura pulava para dentro e para fora com um estalo quando a boca se abria e fechava, como se fosse um dente quebrado. De repente nasceu uma personagem: a Desdentada. Enquanto apertava a bolinha, Terry começou a falar na voz aguda e en-

graçada de uma velha. Desdentada nos pediu que ficássemos calmos, que não nos preocupássemos com o fato de estarmos sem saída no trabalho. Prometeu nos dizer o que fazer — e disse. Recuperou nosso bom astral e então nos ditou uma maravilhosa peça de arte. Terry tinha se dividido em duas: uma era a musa e a outra, sua personalidade normal. A musa, uma entidade maior que sua personalidade, não era a musa pessoal de Terry, mas a musa do grupo. Um de cada vez, fizemos a Desdentada funcionar, mas sua voz, sua personalidade e sua autoridade não mudaram. Ela continuou a falar, com muito mais talento e clareza do que nós, pobres mortais pretenciosos.

Embora a Desdentada logo tenha nos abandonado, podemos considerar este trabalho o primeiro livro de estética e filosofia ditado por uma bola de tênis.

A grande bola verde que é a Terra, ou biosfera, ou Verdejante, é uma grande entidade da qual todos somos parte; e a Musa, ou Khidr, ou Sophia, ou Espírito Sagrado, é a voz do todo que fala por meio das partes. Essa voz fala uma língua que freqüentemente achamos incompreensível, às vezes assustadora, mas sempre impressionante. A musa é a voz viva da intuição. A intuição é uma soma sináptica, em que todo o sistema nervoso equilibra e combina multivariadas complexidades num único *flash*. É como a computação; mas enquanto a computação é um processo linear, que vai de A a B e a C, a intuição computa concentricamente. Todos os passos e variáveis convergem ao mesmo tempo num ponto central de decisão, que é o momento presente.

O raciocínio lógico se desenrola passo a passo, e as conclusões de um passo podem derrubar, e freqüentemente o fazem, as conclusões do passo anterior — daí a existência daqueles momentos em que pensamos, pensamos e não conseguimos tomar uma decisão. O raciocínio lógico se baseia em informações das quais temos consciência — apenas uma amostra parcial de nosso conhecimento total. O pensamento intuitivo, por outro lado, se baseia em tudo o que sabemos e em tudo o que somos. Num único momento, ocorre a convergência de uma rica pluralidade de fontes e direções — daí a sensação de absoluta certeza que geralmente acompanha o pensamento intuitivo.

Pascal disse que "O coração tem razões que a própria razão desconhece".[10] O sentimento, assim como o pensamento, tem uma estrutura própria. Existem níveis de pensamento e níveis de sentimento, e algo mais profundo do que ambos, algo que é pensamento e sentimento e nenhum dos dois. Quando falamos de "confiar em nossas vísceras", é na intuição que estamos baseando nossas decisões.

Lembro-me do sentimento que me dominou uma vez quando desliguei o telefone, uma espécie de tristeza. Percebi que minha voz interior havia me dito alguma coisa e eu não lhe dera atenção. Lembrei, arrependido, de outras vezes em que tinha ouvido essa voz e a ignorara. A lição mais simples desta vida — e ao mesmo tempo a que nos escapa com maior facilidade — é aprender a ouvir essa voz interior. Tenho aprendido cada vez mais a responder a ela, mas ainda existem momentos em que admito ter perdido uma experiência extraordinária por não ter captado a mensagem a tempo. E quando isso acontece, alguma coisa irrecuperável se perde. Nesses momentos, é vital aprender a se perdoar. Estar alerta talvez signifique estar sempre pronto a responder — algo que ninguém pode conseguir o tempo todo. Mas podemos nos aproximar desse estado; podemos aprender a ouvir com uma confiança cada vez maior. Domínio significa responsabilidade, capacidade de responder à necessidade do momento. Viver segundo a intuição ou a inspiração não é apenas ouvir passivamente essa voz interior, mas agir de acordo com ela. A improvisação é a intuição em ação, uma maneira de descobrir a musa e aprender a responder ao seu chamado. Mesmo quando trabalhamos de uma maneira muito estruturada, podemos começar pelo sempre surpreendente processo de livre criação, no qual não temos nada a ganhar nem a perder. O jorro da intuição consiste num rápido e contínuo fluxo de opções, opções, opções. Quando improvisamos com o coração, seguindo esse fluxo, as opções se transformam em imagens, e as imagens em novas opções, com uma tal rapidez que não temos tempo de sentir medo ou arrependimento diante do que a intuição está nos dizendo. A essência de trazer a arte para a vida reside em aprender a ouvir essa voz interior. O momento em que abro a caixa do violino e retiro dela o instrumento traz para mim uma clara mensagem: "É hora de responder à voz interior". Como este é um momento muito marcante, é fácil entrar em sintonia com ele. O maior desafio é trazer essa percepção poética para a vida diária.

Descobrir a voz do coração — essa é a aventura que este livro propõe. É isso que todo artista busca — uma busca para toda a vida; não a busca de uma visão — porque a visão está em tudo o que nos cerca —, mas de aprender a falar com a nossa própria voz.

A Mente que Brinca

A criação do novo não é conquista do intelecto,
mas do instinto de prazer agindo por uma necessidade interior.
A mente criativa brinca com os objetos que ama.

CARL JUNG

A improvisação, a composição, a literatura, a pintura, o teatro, a invenção, todos os atos criativos são formas de divertimento, o ponto de partida da criatividade no ciclo de desenvolvimento humano e uma das funções vitais básicas. Sem divertimento, o aprendizado e a evolução são impossíveis. O divertimento é a raiz de onde brota a arte original; é o material bruto que o artista canaliza e organiza com as ferramentas do conhecimento e da técnica. A própria técnica nasce da diversão, porque não podemos adquirir técnica apenas por meio da prática repetida, da persistente experimentação e utilização de nossas ferramentas, num teste contínuo de seus limites e de sua resistência. O trabalho criativo é divertimento; é a livre exploração dos materiais que cada um escolheu. A mente criativa brinca com os objetos que ama. O pintor brinca com a cor e o espaço. O músico brinca com o som e o silêncio. Eros brinca com os amantes. Os deuses brincam com o universo. As crianças brincam com qualquer coisa em que possam pôr as mãos.

A brincadeira é natural nos mamíferos superiores, e exacerbada nos macacos e chimpanzés. Entre os humanos, como mostrou Johan Huizinga em *Homo ludens: a study of the play element in culture* (“*Homo ludens*: um estudo sobre o elemento diversão na cultura”), o divertimento permeia todas as facetas de nossa vida e tem assumido as mais diversas formas, algumas altamente evoluídas, como o ritual, as artes, a política, o esporte e a própria civilização. “Mas quando se alcança a diversão”, escreve Huizinga, “se adquire compreensão, porque onde há diversão não existem problemas.”[11]

O divertimento é sempre uma questão de contexto. Não depende do que fazemos, mas de como fazemos. Não pode ser definido, porque todas as definições resvalam, dançam, se combinam, se afastam e voltam a combinar-se. O ambiente onde a diversão ocorre pode ser informal ou extremamente solene. Até o trabalho mais difícil, se enfrentado com espírito alegre, pode ser diversão. Quando me divirto, descubro novas maneiras de me relacionar com as pessoas, com os animais, com as idéias, com as imagens, comigo mesmo. O divertimento desafia hierarquias sociais. Misturamos elementos que anteriormente estavam separados. Nossas ações tomam caminhos inusitados. Brincar é libertar-se de restrições arbitrárias e expandir o próprio campo de ação. A brincadeira possibilita uma maior riqueza de reações e melhora nossa capacidade de adaptação. Esse é o valor evolucionário da diversão — ela nos torna mais flexíveis. Ao reinterpretar a realidade e criar coisas novas, nos protegemos contra a rigidez. A brincadeira nos permite reorganizar nossas capacidades e nossa verdadeira identidade, de forma que possamos utilizá-las de maneiras inesperadas.

"Brincar" é diferente de "jogar". Brincar é ter o espírito livre para explorar, ser e fazer por puro prazer. O jogo é uma atividade definida por um conjunto de regras, como no beisebol, na composição de um soneto, de uma sinfonia, na diplomacia. A brincadeira é uma atitude, uma disposição, uma maneira de fazer as coisas, ao passo que o jogo é uma atividade definida por regras e que depende de um campo e de jogadores. É possível encarar um jogo como o beisebol ou a composição de uma fuga como diversão; e também é possível vivenciá-los como *lîla* (jogo divino), como trabalho duro, como uma oportunidade de prestígio social ou mesmo de vingança.

No contexto especial da diversão, os atos perdem seu contexto normal. Geralmente criamos um cenário seguro para a diversão, mas, se estivermos suficientemente livres, poderemos nos divertir mesmo diante de um grande perigo. O contexto especial é marcado pela mensagem "Isto é divertimento" — um cão que abana a cauda, um sorriso, um brilho nos olhos, a entrada de um teatro, o apagar das luzes numa sala de concertos.

Os antropólogos descobriram que o *galumphing** é um dos primitivos talentos que caracterizam as formas de vida mais evoluídas.[12] *Galumphing* é a enorme indisciplina e a aparentemente incansável energia e disposição para a brincadeira que demonstram os filhotes de animais, as crianças — e também as comunidades e civili-

---

* Segundo o *Ramdom House Dictionary* vem do verbo *galumph*: mover-se pesadamente, desajeitadamente. Talvez uma invenção de Lewis Carrol, a partir dos termos *gallop* e *triumphant* (galope + triunfante) (*Alice através do espelho*). O autor deste livro faz um uso mais livre do termo. (N.T.)

50

zações primitivas. *Galumphing* é também a aparentemente inútil elaboração e ornamentação da atividade. É desperdício, excesso, exagero. Nós *galumph* quando pulamos em vez de andar, quando escolhemos um caminho teatral em vez de um caminho eficiente, quando jogamos um jogo cujas regras exigem uma limitação de nosso potencial, quando estamos mais interessados nos meios do que nos fins. Criamos obstáculos em nosso caminho só para desfrutar o prazer de vencê-los. Nos animais mais evoluídos e nos humanos, isso tem um supremo valor evolutivo.

Galumphing nos permite atender à lei da variedade necessária. Esta lei fundamental da natureza[13] determina que, para lidar com uma quantidade x de informações, um sistema precisa ser capaz de assumir no mínimo x diferentes estados de ser. Na fotografia, por exemplo, se quisermos captar três níveis de luminosidade, precisaremos de uma câmara com no mínimo três aberturas do diafragma ou três velocidades. Na música, se quisermos transmitir três tipos de emoção, precisaremos imprimir ao nosso instrumento pelo menos três tipos diferentes de toque — de preferência muitos mais. É a isso que nos referimos quando falamos em "ter técnica para queimar" — ter à nossa disposição meios mais poderosos e mais flexíveis do que os que seriam necessários numa dada situação. Aquele que deseja ser artista precisa ter visões, sentimentos e *insights* profundos, mas sem técnica não existe arte. A variedade de meios capazes de ampliar nossas possibilidades de expressão nasce da prática, do divertimento, do exercício, da exploração, da experimentação. A conseqüência da falta de exercício (ou de exercício insuficiente) é a rigidez do corpo e do coração, e um número cada vez mais reduzido de meios de expressão.

Através da brincadeira ou da diversão, os animais, as pessoas ou as sociedades experimentam todos os tipos de combinações e permutas de formas corporais, formas sociais, formas de pensamento, imagens e regras que não seriam possíveis num mundo regido apenas por valores imediatos de sobrevivência. A criatura que brinca está mais apta a se adaptar à mudança de contextos e de condições. A brincadeira, na forma da livre improvisação, desenvolve nossa capacidade de lidar com um mundo em constante mutação. Brincando com uma enorme variedade de adaptações culturais, a humanidade se espalhou por todo o globo terrestre, sobreviveu a várias idades do gelo e criou artefatos surpreendentes.

Aprendemos (segundo o Eclesiastes e a segunda lei da termodinâmica) que, no curso natural das coisas, o mundo de matéria e energia caminha da ordem para a desordem. Mas a vida revela uma contracorrente intrínseca a essa tendência, transformando matéria e energia em padrões mais e mais organizados no contínuo jogo da evolução

Essa proliferação de formas variadas parece ser capaz de auto-organização, automotivação e auto-enriquecimento, como o próprio divertimento.

Existe uma palavra alemã, *funktionslust*, que significa o prazer de fazer alguma coisa ou produzir um efeito, e que é diferente do prazer de ter alguma coisa ou obter um efeito. A criatividade está presente mais na busca do que na conquista. Obtemos prazer na repetição energética, na prática, no ritual. Sob a forma de divertimento, o ato é um fim em si mesmo. A ênfase está no processo, não no resultado. O divertimento é intrinsecamente satisfatório. Não está condicionado a coisa alguma. O divertimento, a criatividade, a arte, a espontaneidade, todas essas experiências contêm em si suas próprias recompensas, e são bloqueadas quando o desempenho é motivado pela possibilidade de recompensa ou punição, de lucro ou perda. Por essa razão, "nem só de pão vive o homem".[14] O divertimento não tem uma causa. Ele existe por si mesmo. Lembremos a conversa entre Moisés e Deus no Êxodo: Moisés queria saber o que dizer ao povo quando ele lhe perguntasse com quem estivera falando, quem lhe dera a inspiração. Deus respondeu simplesmente: "Eu sou quem sou". E assim é o divertimento.

Assim como *lîla*, ou criatividade divina, a arte é um dom que nasce da alegria, da autodescoberta, do conhecimento interior. A diversão não custa nada; se lhe atribuirmos um preço ela deixa de ser diversão. Em algum momento de sua vida, entretanto, o artista terá de enfrentar a questão do dinheiro. É uma questão difícil de resolver, porque o artista precisa comer, comprar seu equipamento, financiar anos de treinamento profissional. No entanto, o mercado tem a capacidade de roubar de nossa arte, por mínimo que seja, a condição de puro prazer e livre expressão, e em alguns casos pode contaminá-la totalmente. Os atletas profissionais enfrentam o mesmo problema. Não há dúvida que, até certo ponto, eles jogam por amor ao esporte, mas as questões de dinheiro, prestígio e fama lhes roubam muito desse prazer.

Da mesma forma, escrever só é arte quando o escritor adora trabalhar com a linguagem, quando se diverte no jogo da imaginação, e não quando encara o ato de escrever meramente como um meio de transmitir suas idéias. O propósito da literatura não é "defender uma idéia", mas despertar a imaginação. Naturalmente, essas coisas existem num *continuum*; jornalismo e literatura não são categorias estanques e predeterminadas, nem tampouco a arte comercial e a arte expressiva.

Na lenda do flautista, enquanto ele tocava em busca de aprovação, de prestígio, para satisfazer às expectativas do mestre ou para evitar a vergonha, sempre faltava alguma coisa. Mas quando já não tinha nada a ganhar ou a perder, então pôde tocar realmente, com total prazer e liberdade.

No reino dos mitos e símbolos, o espírito da diversão é representado por uma grande variedade de arquétipos: o Louco, o Bobo, o Travesso, a Criança. O Louco é uma imagem do tarô que representa a pura potencialidade. Os bobos e os palhaços aparecem nas mitologias e na poesia de civilizações de todo o mundo, nas figuras dos deuses Trickster e Coyote dos índios americanos, do deus grego Pã, dos bobos e bufões do Renascimento na Itália, na Inglaterra e na França. A sabedoria do bobo da corte é um tema que permeia toda a obra de Shakespeare. Loucos, bobos, bufões, e também os xamãs, em certa medida, têm servido como musas, como canais do inconsciente, sem o medo e a vergonha que normalmente inibem os adultos. O bobo é indomável, imprevisível, inocente, às vezes destruidor. Nascido numa era anterior à Criação, ele perambula (*galumph*) pela vida, sem preocupação com passado ou futuro, bem ou mal. Sempre improvisando, sem se preocupar com as conseqüências de seus atos, ele pode ser perigoso; suas aventuras freqüentemente se voltam contra ele ou contra os outros. Mas como sua ação brincalhona é completamente livre e sem freios ("Porque os loucos se aventuram por caminhos que os anjos temem trilhar"),[15] ele é o criador da cultura e, em muitos mitos, o criador dos outros deuses. Ele chama todos os seres e coisas existentes no mundo de irmãozinhos, e fala a linguagem de cada um deles.[16] O louco é um dos nossos espíritos guardiões, é aquele que mantém viva a infância da humanidade.

A musa mais poderosa é a nossa criança interior. O músico, o poeta, o artista vivem toda a vida em contato com essa criança, a parte do ser que sabe brincar. "Aquele que não receber o Reino de Deus como uma criança", disse Jesus, "não poderá entrar nele."[17] Sendo uma experiência prazerosa e divertida, a improvisação é a redescoberta do espírito selvagem que existe em cada um de nós, o reencontro com a nossa alma infantil. Os psicanalistas costumam chamar esse reencontro de "regressão a serviço do ego".[18] Entretanto,

ele não está a serviço do ego, mas do Ser total.

A plena criatividade artística ocorre quando, por meio do talento e da técnica, o adulto é capaz de entrar em contato com a clara e inesgotável fonte de prazer da criança que existe dentro dele. Esse contato traz um sentimento que reconhecemos instintivamente. É como "uma bola deslizando veloz pela correnteza: um fluxo contínuo e ininterrupto".[19]

Uma menina que aprende a andar de bicicleta descobre que o segredo de pedalar sem esforço é o equilíbrio — a contínua adaptação à contínua mudança. Quando chega ao ponto de gritar: "Olhe, mamãe, sem as mãos", ela já aprendeu que pode usar cada vez menos meios para controlar um poder cada vez maior. Aprendeu a encontrar e a brincar conscientemente com o ritmo, o peso, o equilíbrio, a geometria e a coordenação motora. E ela faz isso sozinha,

com seu próprio corpo. As emoções que surgem nessa descoberta são o medo, o prazer, o orgulho, a descrença, o júbilo e o desejo de tentar mais uma vez.

É isso que os músicos de formação clássica sentem quando descobrem que são capazes de tocar sem partitura. É como atirar longe as muletas. Talvez seja um tanto cruel chamar as partituras de Beethoven ou de Bach, que sempre estiveram sentados à mão direita de Deus Pai, de muletas. Mas o que aprendemos com a nossa renovada capacidade de improvisação é que depender da criatividade dos outros pode nos enfraquecer. Quando esse poder que não depende de ninguém mais aflora, ocorre uma liberação da energia, da simplicidade, do entusiasmo. A palavra "entusiasmo" provém de uma palavra grega que significa "cheio de *theos*", ou seja, preenchido por Deus.

Quando o professor de flauta de nossa lenda chegou à cidade, tocou algo extremamente simples. Ele tinha técnica para queimar, podia tocar qualquer coisa, mas tocou uma melodia simples, mas de um poder incrível. Tocou como um deus. Depois de anos de sofrimento, o aluno finalmente consegue tocar da mesma maneira. O trabalho pode acarretar muita tensão, exigir muita alma, mas é extremamente simples.

Como veremos nos capítulos seguintes, às vezes precisamos enfrentar uma batalha dolorosa para chegar ao ponto de não sentirmos mais medo da criança que vive dentro de nós. Freqüentemente sentimos que as pessoas não nos levam a sério, ou não nos julgam suficientemente qualificados. Para sermos aceitos, esquecemos nossa fonte interior e nos protegemos por trás das rígidas máscaras do profissionalismo ou do conformismo que a sociedade continuamente nos impõe. Nossa parte infantil é a parte que, como o Louco, simplesmente faz e diz, sem precisar apresentar suas credenciais.

Assim como outras manifestações da Musa, a criança é a voz de nosso conhecimento interior. E a linguagem primordial desse conhecimento é o prazer. À luz desse conceito, o psiquiatra Donald Winnicott definiu o objetivo da cura psicológica como "trazer o paciente de um estado em que não é capaz de brincar para um estado em que é capaz de brincar. (...) Somente através da diversão, e apenas da diversão, o indivíduo, criança ou adulto, é capaz de ser criativo e de usar toda a sua personalidade, e é apenas sendo criativo que o indivíduo descobre o seu ser mais profundo".[20]

Desaparecer

A inspiração pode ser uma forma de supraconsciência, ou talvez de subconsciência — não interessa. Mas estou certo de que ela é a antítese da consciência.

AARON COPLAND

Para que a arte apareça, temos que *desaparecer*. Isso pode parecer estranho, mas na verdade é uma experiência comum. Para a maioria das pessoas, ela ocorre quando o olho ou o ouvido é atraído por alguma coisa: uma árvore, uma rocha, uma nuvem, uma pessoa bonita, o balbucio de um bebê, o reflexo do sol nas folhas cobertas de orvalho, o som de uma guitarra que escapa inesperadamente de uma janela. Mente e sentidos ficam por um momento inteiramente presos na experiência. Nada mais existe. Quando "desaparecemos" dessa maneira, tudo à nossa volta se torna uma surpresa, nova e fresca. O ser e o ambiente se unem. Atenção e intuição se fundem. Vemos as coisas exatamente como elas são, embora continuemos capazes de guiá-las numa direção em que elas se tornem exatamente o que queremos que elas sejam. Esse vivo e vigoroso estado mental é o mais favorável à germinação de um trabalho original. Ele tem suas raízes na brincadeira infantil e floresce numa explosão de plena criatividade.

Todos nós já observamos como a criança se absorve inteiramente na brincadeira, numa tal concentração que tanto a criança como o mundo se esvanecem, e a única coisa que resta é a brincadeira. Quando estão envolvidos num trabalho que amam, os adultos também podem ter essa experiência. Podemos *nos tornar* aquilo que estamos fazendo; esses momentos ocorrem quando, de repente, o indivíduo se anula e tudo o que existe é o trabalho. A intensidade da concentração e do envolvimento se mantém e cresce por si mesma, nossas necessidades físicas diminuem, nossa visão se estreita, e perdemos o sentido de tempo. Nos sentimos despertos, vivos: o esforço se torna facilidade. Nos perdemos em nossa própria voz interior, no manuseio de nosso instrumento, na percepção intuitiva das regras. Absorvidos no puro fascínio do jogo, nas texturas, na resistência, nas nuances e limitações do nosso meio de expressão, nos esquecemos do tempo e do lugar onde estamos. O substantivo "ser" se torna verbo. É desse fulgor de criação no momento presente que o trabalho e o prazer emergem. Os budistas chamam esse estado de absorção e absoluta concentração de *samadhi*. A meditação é o meio mais conhecido de se chegar ao *samadhi*, embora seja possível alcançar esse estado andando, cozinhando, sonhando acordado, escrevendo, lutando, fazendo amor ou tocando flauta. Quando abandonamos nosso apego ao ego, entramos num estado que é ao mesmo tempo de transe e de alerta.

Os bebês, humanos ou animais, parecem viver o tempo todo em *samadhi* e ter a capacidade especial de colocar todos os que os cercam no mesmo estado. Feliz, tranqüilo, despreocupado, concentrado, o bebê nos envolve no seu clima de divino prazer e expansividade. Mesmo quando está irritado e infeliz, ele não perde esse estado, gerando à sua volta uma atmosfera especial de *samadhi*-irritação ou *samadhi*-sofrimento.

Os sufis chamam esse estado de *fanà*, a anulação do ser individual. No *fanà*, as características do pequeno ser se dissolvem para que o grande Ser possa se revelar. Graças a esse poder transpessoal, os artistas, embora usem o idioma de sua terra e de sua época, são capazes de falar diretamente ao coração de cada um de nós, transcendendo as barreiras do tempo, do espaço e da cultura.

Os sufis também falam de uma experiência semelhante, *samã*, que significa dançar em êxtase. Nesse estado, corpo e mente estão tão intensamente ocupados na atividade, as ondas cerebrais estão tão sintonizadas com o ritmo da dança, que o *self* normal se anula e a mente atinge um estado de ampliação de consciência. Rumi, o grande poeta e coreógrafo persa, escreveu:

Dançar não é flutuar sem esforço como um grão de areia
  soprado pelo vento.
Dançar é elevar-se acima do mundo, despedaçar o coração
  e desistir da própria alma.
Dançar é partir-se em mil pedaços e abandonar totalmente
  as paixões mundanas.
Verdadeiros homens dançam e rodopiam num campo de batalha;
  dançam em seu próprio sangue.
Quando renunciam a si mesmos, eles batem palmas;
Quando deixam para trás as imperfeições do ser,
  eles dançam.
Seus menestréis tocam música interior; e oceanos de paixão
  se rompem em espuma na crista das ondas.[21]

É curioso que tanto a meditação quanto a dança sejam maneiras de "desaparecer". Segundo as várias culturas, existem diversas técnicas específicas para alcançar esse estado de vazio. Tenham um caráter apolíneo, como a filosofia zen, ou um caráter dionisíaco, como o sufismo, essas tradições e as práticas que elas prescrevem eliminam em nós o sentido do tempo. Reduzindo nossa atividade mental e corporal a zero, como na meditação, ou envolvendo-nos numa atividade altamente técnica e exaustiva, como na dança ou na execução de uma partitura de Bach, os limites de nossa identidade desaparecem e o tempo pára.

Keith Johnstone, que abandonou a direção de um dos maiores teatros londrinos para fundar o Loose Moose Improvisational Theatre, em Calgary, Canadá, criou o seguinte exercício para induzir um grupo de dez ou vinte atores em *samadhi*: (1) Manter os olhos bem abertos; (2) Andar ao redor da sala, apontando cada objeto que encontrar e gritando, o mais alto possível, o nome errado desse objeto (por exemplo, chamar o tapete de ônibus, o lustre de cachorro etc.); (3) Ao trabalho! Quinze ou vinte segundos desse caos são suficientes. De repente, tudo parece novo; perdemos nossos conceitos habituais e as coisas e pessoas se revelam totalmente novas diante de nós. É um estado muito semelhante ao que as pessoas dizem experimentar em estados psicodélicos induzidos por drogas, uma pura consciência das coisas como elas são, mas muito menos prejudicial à saúde.

São várias as técnicas de meditação capazes de induzir ao *samadhi*. Eis aqui uma delas, que você pode experimentar. Respire profundamente, pelo nariz, mantendo os olhos semicerrados. Respire apenas pelo ventre; expire e depois relaxe para deixar o ar entrar. Expire, relaxe; vá diminuindo lentamente os ciclos até que a respiração se torne estável, como um mar em calmaria. Mantenha a boca fechada, a língua no céu da boca, a coluna ereta, os ombros relaxados. Deixe que a respiração abdominal se espalhe pelo corpo todo. Alongue a coluna, como se por ela passasse um fio que fosse do zênite até o centro da terra, como uma árvore de raízes infinitamente profundas e ramos que se estendessem acima das nuvens. Deixe a luz circular. Na inspiração, faça a luz circular desde a base da coluna até o cérebro. Na expiração, deixe que a luz flua no sentido contrário, pela frente do corpo, percorrendo o peito, os braços, o ventre e as pernas, e novamente de volta à base da coluna. Repita o ciclo por alguns minutos. Quando finalmente se levantar e recuperar o controle de seu corpo, a luz continuará a circular por ele espontaneamente.

Então, lentamente, escolha as ferramentas de sua arte, experimente seu peso e seu equilíbrio, e dê os primeiros passos.

Assim como a meditação, a dança, o amor e a brincadeira, afinar um instrumento musical é uma das melhores maneiras de esvaziar o *self*. Quando afinamos um instrumento, somos obrigados a esquecer todos os ruídos e distrações externos: à medida que o som vai se aproximando da pura vibração que estamos tentando alcançar, à medida que o tom sobe e desce numa extensão cada vez menor, sentimos que corpo e mente vão progressivamente se soltando. Entramos cada vez mais profundamente no som. Entramos numa espécie de transe. E quando pegamos esse instrumento para tocar, a platéia entrará num estado similar, com maior ou menor facilidade, dependendo da atenção que dedicamos a esse processo de afinação. O que descobrimos, misteriosamente, é que ao afinar o instrumento afinamos o espírito.

Um exercício ainda mais simples para induzir ao *samadhi* é o seguinte: Olhe para qualquer coisa que esteja à sua frente e diga "Sim! Sim! Sim!", como o mantra de afirmação da vida, de afirmação do amor, usado por Molly Bloom no final de *Ulisses*. Depois de apenas alguns minutos, abre-se um universo de possibilidades visíveis e tangíveis. Quando você diz "Não! Não! Não!", o mundo se torna menor e mais pesado. Experimente as duas opções e verifique a veracidade desse simples método. Observe como se comportam algumas plantas. Quando o sol nasce, as flores de abrem diante de nossos olhos; quando o sol se põe, elas se fecham. Traduzido na linguagem biofísica de clorofila, açúcar, proteína e água, o que os raios do sol e as flores estão dizendo uns aos outros é "Sim! Sim! Sim!".

O Trabalho

Sexo e Violinos

Estou sempre entre duas correntes de pensamento: primeiro, as dificuldades materiais, que me obrigam a andar de um lado para outro para ganhar a vida; segundo, o estudo da cor. Vivo sempre com a esperança de fazer uma descoberta nesse campo, expressar os sentimentos de dois amantes pelo casamento de duas cores complementares, sua combinação e sua oposição, as misteriosas vibrações de tons análogos. Expressar o pensamento que está por trás de um semblante através da radiância de um tom brilhante contra um fundo sombrio. Expressar a esperança através de uma estrela, o anseio de uma alma através do fulgor de um poente.

VINCENT VAN GOGH

Quero descrever aqui um pouco do que se sente ao tocar um violino, algumas das sensações físicas e espirituais. Cada arte tem suas próprias sensações e seus campos de ação próprios. Assim como Van Gogh lidava com a cor, o brilho, a vibração, a esperança, a ansiedade e um fundo sombrio no seu trabalho prático diário na pintura, cada um de nós também tem que lidar com o sentimento do meio de expressão que escolheu, seja ele qual for. Na prática, esse sentimento é a integração de todas as nossas fontes: a inspiração, a musa, o divertimento, o veículo, a corrente.

A música sempre tem servido de alívio e remédio para as pressões da vida, mas é também um excelente exercício, tanto para o ouvinte como para o músico. Tocar um instrumento de corda, particularmente, exige um esforço total do corpo e da mente. O impulso enérgico que move o arco do violino brota da terra, percorre os pés, as pernas, os quadris, o ombro e daí desce para os músculos e nervos do braço direito. Esse impulso, que vem carregado de informações do passado, do presente e do futuro, atravessa o corpo, o cérebro e a personalidade, para descer novamente para os músculos e nervos dos braços e das mãos, e daí diretamente para o instrumento.

63

Eis a oração que William Blake dedicou à Musa que lhe deu o dom da poesia e da pintura:

Vem à minha mão
Por intermédio de teu suave poder; descendo pelos Nervos de
meu braço direito
Atravessando os Portais de meu Cérebro, onde por teu serviço
A Eterna Grande Humanidade Divina plantou seu Paraíso.[22]

Ao mover o arco, o braço direito do violinista cria tempo: quantidades de tempo existentes no ritmo com que o arco toca as cordas, assim como quantidades de tempo existentes na diferença de toque, de equilíbrio e de força dada às diferentes partes de uma única melodia, tocando com energia ou suavidade, *staccato* ou *legato*. O arco pode correr, resvalar, deslizar sobre as cordas; pode golpear, arranhar, acariciar, sussurrar. Cada polegada do arco tem um caráter próprio, um peso, uma tensão e uma dinâmica diferente que ele transmite ao som.

Enquanto isso, a mão esquerda está criando espaço. Para o arco macho, o violino é a fêmea, que gera e controla o tamanho e a forma sempre mutáveis do espaço vibrátil. O polegar apóia o violino e o mantém num equilíbrio dinâmico, enquanto os dedos pressionam as cordas para mudar a duração da vibração. Uma corda longa ou grossa produz um som grave e profundo; uma corda curta ou fina produz um som agudo e penetrante. Assim como o arco, a pressão dos dedos sobre as cordas determina não apenas o tamanho do espaço vibrátil (o tom), mas também sua forma e sua cor. Os dedos passeiam pela corda em golpes enérgicos ou num suave deslizar, num vibrato leve ou frenético, criando todo um universo de emoções numa única nota.

Na verdade, na música não existe o que se chama de "nota". A nota é um símbolo abstrato que representa um tom, que na verdade é um som. Podemos tocar milhares do dós ou rés e eles serão todos diferentes. Nada pode ser padronizado. Cada evento vibratório é único.

Quatro níveis de vibração coexistem na música. Os níveis médios, explicitamente descritos na notação, são tonalidade e ritmo. As vibrações entre vinte e vários milhares de ciclos por segundo são sentidas como sons de tonalidades discerníveis. À medida que a freqüência cai abaixo de vinte (podemos verificar isso ouvindo os sons mais graves de um piano ou uma tuba, ou diminuindo gradualmente a aceleração de um motor), as ondas sonoras parecem se fragmentar em pedaços de som, e ouvimos não mais o tom, mas apenas o ritmo. Na música comum, ouvimos vários níveis de rápidas ondas tonais, às quais se sobrepõem ondas rítmicas mais lentas. No nível micro abaixo dessas camadas de ondas, existem ondas de sutil vibração, que modificam e variam a tonalidade e o ritmo — são os vibratos, os *rubatos*, as hesitações e ondulações que constituem a expressão pessoal do músico. No nível macro, que inclui todos os outros, situam-se as grandes e lentas ondas de mudança que constituem a forma e a estrutura geral da peça musical, o fluxo dinâmico de padrões que a acompanha do começo ao fim. O violino é um sismógrafo fiel e sem compaixão dos abalos do coração. Quatro cordas esticadas sobre um braço colocam 64 libras de pressão na caixa de madeira: essa energia armazenada amplifica cada nuance de peso, de fricção e de energia muscular à medida que o músico movimenta o arco sobre a corda. Cada tremor, cada movimento, reflete cada mínimo impulso inconsciente do músico. Com o violino, nada se pode esconder — nesse aspecto, é como a matemática; fingir é impossível. O som que brota do violino é um sensível detector de mentiras, um sensível detector de verdades.

Tocar um instrumento é um ato inteiramente empírico, uma forma de testar o próprio temperamento no tempo real. Não é uma questão de teoria ou de aprender a maneira correta de tocar, mas de tentar inúmeras vezes e aprender com a experiência.

Como qualquer pessoa que tenha tentado tocar um violino sabe, o maior problema é a afinação. Não existem trastes ou quaisquer outros balizamentos que indiquem onde se deve pôr os dedos. (Às vezes vemos violinos de crianças cheios de pedacinhos de fita adesiva pregados ao braço como sinalizadores, mas essa bobagem só dificulta ainda mais as coisas.) Na afinação, como em qualquer outro aspecto da técnica do violino, não há nenhuma segurança. Especialmente nos grandes saltos da mão entre as posições mais altas e mais baixas, parece ser uma questão de visar e atirar num alvo incerto. Muito arriscado. E nos registros mais altos, se o dedo resvala um milímetro que seja, o som pode ser terrível. Quando eu era criança — e estava muito longe de ser um menino prodígio —, achava que tocar com perfeita afinação era como acertar um tiro no escuro, e tocar acima da nota sol um desafio de vida ou morte, como saltar do trapézio sem rede.

Mais tarde descobri que o violinista nunca dá esses saltos de uma só vez, mas vai ajustando continuamente o ouvido às tonalidades do som. O dedo não desce até o fim do braço do violino e pára; ele desliza para cima e para baixo em intervalos mínimos, microtonais, até encontrar o som que o ouvido quer ouvir. Quando somos suficientemente flexíveis e sensíveis, estamos sempre deslizando em busca de um contínuo *feedback*, assim como um atleta se movimenta continuamente de modo que possa alcançar a bola no tempo preciso e no lugar exato.

Nossos músculos não conseguem fazer isso se os dedos não estiverem leves e relaxados. Se aplicamos à corda a pressão exata, é fácil mover suavemente o dedo para cima e para baixo em décimos de segundo. Mas se a pressão for demasiada (e a mão humana tem muita força), o dedo fica algum tempo preso ao lugar onde pousou e logo se pode ouvir o erro.

Uma lei da psicofísica, a lei Weber-Fechner, estabelece a relação entre o valor objetivo do estímulo (uma luz, um som, um toque) e seu valor subjetivo (a sensação que sentimos). A conseqüência disso é que nossa sensibilidade diminui na razão direta da quantidade de estímulo. Se existem duas velas acesas numa sala, percebemos facilmente a diferença de luminosidade se uma terceira vela for acesa. Mas se cinqüenta velas estiverem acesas, provavelmente uma a mais não será notada. Quanto menor o estímulo, mais perceptível se torna qualquer mudança, por menor que seja, ou, como disse Gregory Bateson, trata-se de uma diferença que faz diferença. Num ambiente calmo e tranqüilo, sons e movimentos sutis podem ter um efeito dramático.

É por isso que a melhor maneira de limpar o ouvido é passar um mês no campo, longe do barulho das máquinas, do tráfego e das multidões. À medida que o ouvido vai recuperando gradualmente sua força primeva, passamos a ouvir mais e melhor. O mesmo se aplica à sensação cinestésica. Quanto maior a pressão colocada numa corda de violino, menos conseguimos senti-la. Quanto mais alto tocamos, menos ouvimos. Quanto mais relaxados estiverem os músculos, maior a variedade de movimentos que poderemos executar. Precisamos soltar as mãos, os braços, os ombros, todas as partes do corpo, tornando-as fortes, leves e flexíveis, de modo que a inspiração possa fluir livre pelos canais da mente, dos nervos e dos músculos. Livre do quê? Das contrações involuntárias dos músculos voluntários, dos espasmos da vontade. Nossos medos, nossas dúvidas, nossa rigidez se manifestam psicologicamente na forma de uma excessiva tensão muscular, que William Reich chamou de "couraça corporal". Se tento exasperadamente tocar, eu fracasso; se forço o toque, eu o esmago; se corro demais, eu tropeço. Sempre que me tensiono e me defendo contra algum erro ou problema, a própria postura de defesa propicia a ocorrência do problema. O único meio de chegar à força é a vulnerabilidade.

Um ano, decidi reaprender a tocar violino partindo do zero, desaprendendo tudo o que aprendera antes. Mas nessa época eu partilhava uma casa com amigos, e praticar um instrumento pode causar grandes distúrbios. Eu tinha que aprender a tocar tão suavemente que a música não pudesse ser ouvida a alguns metros de distância, mas ao mesmo tempo num volume suficiente para me animar a continuar tocando. Aprendi a tocar as cordas com tal suavidade que elas apenas sussurravam, embora de uma maneira clara e audível.

Tive também a sorte (embora não achasse isso na época) de estar sofrendo de uma dolorosa distensão no pescoço, que levei meses para curar. Apoiar o instrumento no pescoço estava fora de questão. Eu tinha que manter o violino suspenso no ar, usando para isso a mínima contração muscular possível, apenas um leve impulso dinâmico que percorresse os nervos de meu braço esquerdo sem qualquer apoio. Essa experiência me ensinou a tocar com leveza e naturalidade.

As circunstâncias me obrigaram a prestar a máxima atenção ao que acontecia com os músculos quando eu tocava: como eles se desenvolviam, como se fortaleciam, como era boa a sensação de cansaço. Descobri que, quanto mais eu variava a maneira de tocar, mais eu relaxava e fortalecia o corpo todo. Tocar um instrumento significa encontrar a forma mais graciosa e equilibrada de cada ação, de modo que o peso seja distribuído e os músculos não precisem suportar uma excessiva tensão.

cada ação, de modo que o peso seja distribuído e os músculos não precisem suportar uma excessiva tensão.

Como os músculos de um pianista interagem? E de um oleiro? E de um fotógrafo? E de um jogador de basquete?

Descobri que, concentrando a atenção no corpo, na lei da gravidade, no equilíbrio, na técnica, eu abria espaço para que a inspiração fluísse livremente. Foi desse espaço vazio que nasceram todas as minhas subseqüentes aventuras no campo da improvisação.

As cento e cinqüenta crinas, sempre em movimento, são uma extensão do braço direito do violinista, uma extensão do seu cérebro, da sua corrente sanguínea. A mão direita e a mão esquerda formam um par simétrico e complementar. Direito e esquerdo, violino e arco, macho e fêmea, música e silêncio; os casais dançam, se combinam, lutam, se misturam, se separam. Essa polaridade sexual é uma experiência autêntica que independe do sexo do violinista, seja ele homem ou mulher. Tanto o homem quanto a mulher tem um lado masculino e um lado feminino: o *animus* e a *anima*. Geralmente reprimimos um ou outro lado. Mas, para promover a livre união entre o violino e o arco, o violinista precisa desenvolver os dois lados e fazê-los atuar aberta e naturalmente. O violino tem um passado, um presente e um futuro próprios, e o arco também tem seu passado, seu presente e seu futuro. Só na comunhão dos dois a música é gerada. Uma só mão não produz música. A música precisa de duas mãos. Se há colisão ou desentendimento, se a mão direita ignora a esquerda e vice-versa, a melhor maneira de fazer com que elas voltem a se amar é recuperar essa sutil consciência que se consegue tocando com toda a suavidade, e ouvindo.

É por isso que é tão maravilhoso tocar um violino às três da manhã sem perturbar os vizinhos.

Prática

O ato de pôr meu trabalho no papel, de pôr a mão na massa, como se diz, é para mim inseparável do prazer da criação. No que me diz respeito, não consigo separar o esforço espiritual do esforço físico e psicológico; para mim eles estão no mesmo nível e não obedecem a nenhuma hierarquia.

IGOR STRAVINSKY

A menos que esteja completamente encharcado de suor, você não pode pretender ver um palácio de pérolas numa folha de grama.

THE BLUE CLIFF RECORD

Qualquer pessoa que pratique um esporte, um instrumento ou qualquer forma de arte tem que se exercitar, experimentar, treinar. Só se aprende fazendo. Existe uma enorme diferença entre os projetos que imaginamos e os que realmente colocamos em prática. É como a diferença entre um romance de ficção e um encontro real de dois seres humanos, com todas as suas complexidades. Todos sabemos disso, embora inevitavelmente nos deixemos abater diante do esforço e da paciência necessários à realização de um projeto. Uma pessoa pode ter fortes tendências criativas, gloriosas inspirações e elevados sentimentos, mas sem criações concretas não há criatividade.

Nos conservatórios e escolas de música existem longos corredores onde se enfileiram pequenas salas de exercício, cada uma contendo um piano e uma estante, separadas por paredes mais ou menos à prova de som. Uma vez, percorrendo um desses corredores, deparei com uma sala que recentemente havia sido transformada em escritório. Um cartaz preso à porta avisava: ESTA NÃO É MAIS UMA SALA DE EXERCÍCIO. Algum malandro que viera depois havia acrescentado abaixo: AGORA ESTÁ PERFEITO!

A fórmula estereotipada que diz que "a prática leva à perfeição" traz consigo alguns sérios e sutis problemas. Imaginamos que a prática seja uma atividade executada em preparação para uma performance "de verdade". Mas se separamos a prática da coisa "de verdade", nem uma nem outra serão realmente "de verdade". Devido a essa divisão, muitas crianças aprenderam a odiar o piano, o violino e a própria música graças a exercícios extremamente chatos. Muitas outras aprenderam a odiar a literatura, a matemática ou a simples idéia de qualquer trabalho produtivo.

O aspecto mais frustrante e aflitivo do trabalho criativo, um aspecto que enfrentamos na prática diária, é a descoberta de um abismo entre o que sentimos e o que somos capazes de expressar. "Falta alguma coisa", dizia o mestre flautista. Muitas vezes nos observamos e sentimos que está faltando *tudo*! É nesse abismo, nesse território desconhecido, que experimentamos os sentimentos mais profundos — e nos sentimos mais incapazes de expressá-los.

A técnica pode transpor esse abismo. Mas também pode alargá-lo. Se encaramos a técnica como "algo" a ser atingido, caímos novamente na dicotomia entre "prática" e "perfeição", o que pode nos levar a um círculo vicioso. Se improvisamos com um instrumento, uma ferramenta ou uma idéia que conhecemos bem, possuímos uma sólida técnica para nos expressarmos. Mas a técnica pode se tornar sólida demais — sabemos tão bem o que deve ser feito que nos distanciamos do frescor da situação presente. Esse é o perigo inerente à competência que se adquire pela prática. A competência que perde suas raízes de diversão se transforma em rígido profissionalismo.

No mundo ocidental, praticar significa adquirir técnica. Essa noção está relacionada com a ética do trabalho, que nos ensina a suportar a luta ou o aborrecimento hoje em troca de recompensas futuras. No mundo oriental, ao contrário, praticar é criar a pessoa, ou melhor, revelar ou tornar real a pessoa que já existe. Não se trata da prática *para* algum fim, mas da prática que é um fim em si mesma.

Para a filosofia zen, praticar é varrer o chão, comer, ou andar.

Quando eliminamos os limites artificiais que separam o *exercício* da *verdadeira música*, cada som que emitimos é ao mesmo tempo uma exploração da técnica e uma total expressão do espírito. Por maior que seja a técnica adquirida, precisamos reaprender continuamente a tocar como um principiante, com o toque de um principiante, com o sopro de um principiante, com o corpo de um principiante. Só assim poderemos recuperar a inocência, a curiosidade, o desejo que nos impeliu a tocar. Só assim poderemos encontrar a necessária unidade entre prática e performance. Foi esse gozo do processo que me despertou para a importância prática da filosofia zen para a música.

A prática não é só necessária à arte, ela é arte.

Não precisamos praticar exercícios maçantes, mas temos que fazer algum exercício. Se achar um exercício chato, não fuja dele, mas também não precisa suportá-lo. Transforme-o em algo que lhe agrade. Se você se chateia de repetir uma escala, toque as mesmas oito notas em outra ordem. Então mude o ritmo. Depois, mude a tonalidade. Você estará improvisando. Se não gostar do resultado, pode mudá-lo agora que tem um bom suprimento de matéria-prima e alguma capacidade de julgamento para analisar o processo. Isso é especialmente útil para os músicos de formação clássica que se julgam incapazes de tocar sem uma partitura ou de adquirir técnica sem a repetição exata de algum exercício transcrito num livro. Mas também se aplica à dança, ao desenho, ao teatro. Em qualquer arte é possível tomar a técnica mais básica e simples, modificá-la e personalizá-la até transformá-la em algo que nos motive.

O exercício não é chato ou interessante em si mesmo; somos nós que o tornamos chato ou interessante. Aborrecimento, fascinação, divertimento, sacrifício, drama, sedução — são todos nomes que damos ao que fazemos e à maneira como percebemos o que fazemos.

Improvisar não é fazer "qualquer coisa"; a improvisação pode ter o mesmo sentido de estrutura e totalidade de uma composição planejada. Mas existe uma fase em que se pode fazer qualquer coisa, experimentar sem medo das conseqüências, ter espaço para criar sem medo de críticas, para poder trazer o material do inconsciente sem censurá-lo de antemão. Uma esfera desse processo é a terapia, na qual desfrutamos de uma total confiança que nos permite explorar as questões mais profundas e mais problemáticas de nossa vida. Outra esfera é a arte de estúdio, na qual podemos tentar coisas e jogá-las fora quantas vezes forem necessárias. Brahms disse certa vez que o valor de um artista é medido pelo número de vezes que ele joga coisas fora. A natureza, a grande criadora, está sempre jogando coisas fora. A rã põe vários milhões de ovos de uma vez. Apenas algumas dúzias se tornarão girinos, e apenas uns poucos se tornarão rãs. Podemos permitir que nossa imaginação e nossa prática sejam tão pródigas quanto a natureza.

É sabido que se pode desencadear o processo criativo por meio da escrita automática, apenas deixando que as palavras fluam sem julgamento ou censura. Sempre é possível jogá-las no lixo mais tarde. Ninguém precisa saber.

A forma coletiva de escrita automática é o *brainstorming*, em que um grupo de pessoas se reúnem e lançam idéias sem vergonha ou medo de parecerem tolas. A forma terapêutica é a livre associação, uma sondagem no material pré-consciente e inconsciente, deixando-o emergir livremente. Nas artes visuais, existe o desenho automático, que podemos chamar de *handstorming*. Se você sabe datilografar e tem um computador, feche os olhos e digite. Deixe que as palavras fluam do coração para os dedos. Não permita que os olhos ou o cérebro interfiram. Mais tarde você poderá fazer com que o computador cheque o texto. Se você não sabe datilografar ou não tem um computador mas pinta, esculpe em madeira, ou pratica navegação a vela, invente uma maneira de fazer isso. Invente um canal por onde a criatividade possa fluir do coração para a realidade, e uma maneira de registrar o trabalho para que mais tarde, num outro estado de espírito, você possa avaliá-lo e corrigi-lo. O exercício, a experimentação, deve estar totalmente livre de julgamento, brotar diretamente do coração. Então, meses ou talvez minutos mais tarde — e é aí que sua arte começa a se parecer com a improvisação musical —, comece a mesclar a livre expressão com o julgamento, permitindo que eles se manifestem ao mesmo tempo. Abra lentamente os olhos enquanto escreve, deixe que o conhecimento da língua e da literatura, a cultura e a técnica filtrem a corrente que brota do coração para o papel, do coração para a tela do computador, do coração para a madeira.

Gosto de sentir meus dedos deslizando pelas teclas em que escrevo este livro, da pura sensação cinestésica de mover as mãos, tocar, pressionar, soltar o ritmo, da crescente facilidade com que movo as mãos sobre as teclas. Sou capaz de cultivar esse sentimento independentemente do veículo que esteja usando — o teclado de um computador ou um guardanapo de papel que rabisco num restaurante.

Na escrita automática e em outras formas de livre experimentação, nos permitimos dizer qualquer coisa, por mais chocante ou idiota que seja, porque a reiteração pueril, repetitiva, monótona de uma aparente bobagem (como em *Finnegans Wake*) é a mina de onde se extrai e se refina o trabalho criativo. Quando nos exercitamos, trabalhamos num contexto seguro em que podemos experimentar não apenas o que sabemos fazer, mas também o que ainda não podemos fazer. Antes de improvisar num instrumento musical, podemos improvisar com a voz, com o corpo, com os objetos domésticos, com instrumentos simples de percussão, e explorar a essência do som.

Concentre a atenção nos pequenos atos. Na escrita automática, por mais absurdas que sejam as palavras, posso me concentrar na clareza da letra se escrevo numa folha de papel, ou na precisão dos toques se escrevo num teclado. No violino, qualquer que seja o con-

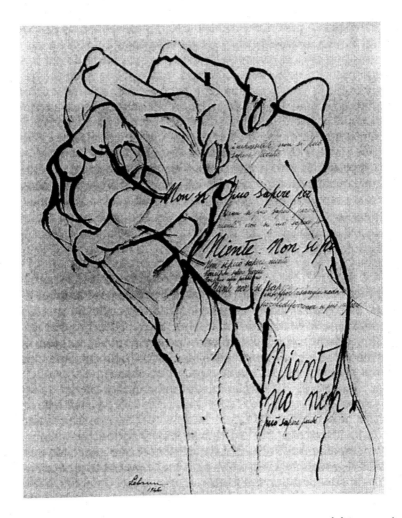

teúdo do que estou tocando, posso me concentrar nas várias maneiras de pressionar o dedo sobre a corda. Curiosamente, a bobagem freqüentemente se transforma em algo de grande beleza, precisamente porque minha atenção está em outro lugar, concentrada em tornar um mínimo aspecto da técnica interessante e impecável. Tornar os pequenos atos impecáveis permite reunir corpo e mente numa mesma corrente de atividade. É esse exercício físico que liga a inspiração ao produto acabado.

Para o artista, este é um ato que exige um preciso equilíbrio — por um lado, é muito perigoso separar a prática da coisa "de verdade"; por outro lado, se começamos a julgar tudo o que fazemos, não teremos espaço para a experimentação. A prática oscila entre dois pólos. Por um lado, estamos "apenas brincando", de forma que estamos livres para experimentar e explorar sem medo de um julgamento prematuro. Ao mesmo tempo, estamos totalmente comprometidos. T. S. Eliot disse que cada palavra, cada ato, "é um passo em direção ao cadafalso, à fogueira, ao abismo".[23] E o artista plástico Rico Lebrun disse: "Nunca me perturbo na execução das formas, mas atravesso o papel como se fosse um terreno minado. Quando a travessia chega ao fim, nasce um desenho".[24]

A prática dá ao processo criativo um momento de calma, de modo que, quando as surpresas ocorrem (quando elas chegam a nós por acaso ou são trazidas do inconsciente), possam ser incorporadas ao organismo vivo da nossa imaginação. Aqui nós realizamos a síntese essencial — alongar os momentos de inspiração até transformá-los num fluxo contínuo. A inspiração não é mais um mero *flash* de percepção que surge e desaparece ao bel-prazer dos deuses.

A famosa frase de Thomas Edison sobre inspiração e transpiração é uma verdade absoluta, mas quando praticamos não existe dualismo entre inspiração e transpiração; a transpiração se torna inspiração. Eu passo a ter prazer em resolver, com minhas próprias mãos, qualquer desafio. Eu entro em contato com meu material, com meu instrumento, com minha mente e meu corpo, com colaboradores e com a platéia. Praticar é estabelecer relacionamentos diretos, pessoais e interativos. É a ligação entre o conhecimento interior e a ação.

A perícia nasce da prática; a prática nasce da experimentação compulsiva mas prazerosa (o lado brincalhão de *lîla*) e de uma sensação de deslumbramento (o lado divino de *lîla*). O atleta se sente compelido a dar mais uma volta na pista; o músico se sente compelido a tocar aquela fuga mais uma vez; o oleiro se sente compelido a produzir mais um pote antes de ir jantar. Só mais um, por favor! O músico, o atleta, o bailarino continuam praticando apesar dos músculos doloridos e da falta de fôlego. Um tal nível de desempenho não pode ser obtido mediante as exigências calvinistas do superego, de sentimentos de culpa ou obrigação. Quando praticamos dessa forma, trabalho é diversão, o trabalho é intrinsecamente recompensador. É a nossa criança interior querendo brincar só mais cinco minutinhos.

É especialmente fácil sentir esse lado compulsivo da prática na nova arte de programação de computadores. O programa tem a capacidade de responder às nossas perguntas. Entabulamos uma conversa com o programa, em que o escrevemos e reescrevemos, o testamos, o ajustamos inúmeras vezes até acertá-lo, e ainda encontramos mais alguma coisa a ajustar. O mesmo se aplica à prática da música, da pintura, da literatura. Quando estamos trabalhando realmente bem

74

e com o máximo de nossa energia, apresentamos os sintomas de uma pessoa viciada, só que é um vício que nos revigora, e não um vício que nos destrói.

Para criar, é preciso ter técnica e libertar-se da técnica. Para isso, precisamos praticar até que a técnica se torne inconsciente. Se tivéssemos que pensar nos passos necessários para andar de bicicleta, levaríamos um tombo. Parte da alquimia gerada pela prática é uma espécie de livre trânsito entre consciente e inconsciente. Um conhecimento técnico deliberado e racional surge da longa repetição, a ponto de podermos executar nosso trabalho até dormindo. Alguns pianistas são capazes de tocar Beethoven lindamente enquanto conversam sobre o preço do peixe. Somos capazes de escrever em nossa língua sem pensar em todo o esforço que quando crianças fazíamos para aprender a traçar cada letra.

Quando a técnica atinge um certo nível, não se consegue percebê-la. Muitas obras de arte que parecem extremamente simples na verdade podem ter representado uma batalha de vida e morte para o artista durante o processo de criação. Quando a técnica se oculta no inconsciente, revela esse mesmo inconsciente. A técnica é o veículo capaz de trazer à tona o material inconsciente contido no mundo onírico e mítico para que ele possa ser visto, falado ou cantado.

A prática, especialmente aquela que envolve estados de *samadhi*, geralmente se caracteriza pelo ritual. O ritual é uma forma de *galumphing*, em que uma ornamentação ou elaboração especial marca uma atividade que de outra forma seria comum, individualizando-a, intensificando-a e sacralizando-a. Comecei a perceber isso no dia em que, pela primeira vez, tive oportunidade de tocar num Stradivarius. Senti vontade de lavar as mãos antes de tocar, embora elas estivessem limpas. A lavagem das mãos foi uma maneira de marcar a mudança de contexto — eu estava saindo do mundo normal e entrando num espaço sagrado definido por um instrumento belo e sagrado.

Com essas experiências, e com os problemas que criei para mim mesmo por ignorá-las, aprendi que grande parte da eficácia da prática reside na preparação. Uma vez que a prática é um repertório de procedimentos que criamos, cada pessoa tem uma prática diferente. Eis alguns dos procedimentos preparatórios que aprendi com a experiência. Embora possa parecer um paradoxo, descobri que ao me preparar para criar já estou criando; a *prática* e a *perfeição* se fundem numa coisa só.

Faz parte da minha preparação geral estar todos os dias saudável e aberto às surpresas, com toda uma gama de recursos disponíveis. Preciso de energia para adquirir técnica, energia para praticar, energia para vencer os inevitáveis obstáculos, energia para seguir em frente quando as coisas vão bem e me sinto tentado a parar e relaxar. Preciso de energia física, intelectual, sexual, espiritual. Os meios para obter toda essa energia são conhecidos: exercitar o corpo, comer bem, dormir bem, anotar os sonhos, meditar, desfrutar os prazeres da vida, ler e vivenciar amplamente todas as coisas. Quando me sinto bloqueado, vou buscar a energia em três grandes fontes: o humor, os amigos e a natureza.

Minha preparação específica começa quando entro no *temenos*. Na Grécia antiga, o *temenos* era um círculo mágico, um espaço sagrado dentro do qual a atividade estava sujeita a regras especiais e acontecimentos extraordinários podiam ocorrer livremente. Meu estúdio, ou seja qual for o lugar onde eu trabalhe, é um laboratório onde realizo experimentos com minha própria consciência. Preparar o *temenos* — torná-lo claro, arrumado, livrá-lo de objetos estranhos — é limpar e clarear a mente e o corpo.

Até mesmo os bloqueios de criatividade e sua solução podem ser vistos como uma preparação. Teremos muito o que dizer sobre bloqueios mais adiante, mas por enquanto é importante vê-los não como uma doença ou anomalia, mas como parte inicial do processo, ou seja, a afinação. No início do processo, sou um objeto em repouso; preciso vencer algumas grandes leis para sair da imobilidade. Tentativas para vencer a inércia são, por definição, inúteis. Em vez disso, parta da inércia como um ponto focal, transforme-a numa meditação, numa exagerada tranqüilidade. Deixe que o calor e o *momentum* brotem da tranqüilidade como uma reverberação natural.

Quando os demônios da confusão e do abatimento surgem, muitas vezes conseguimos afastá-los limpando o espaço. Quando se sentir realmente perturbado, tente o seguinte: limpe completamente a mesa de trabalho. Dê polimento à superfície. Pegue um copo cheio de água limpa e coloque-o sobre a mesa. Sente-se à mesa e fique apenas olhando para a água. Permita que a água seja um exemplo de tranqüilidade e clareza para a mente. Com a mente clara, as mãos e o corpo começarão a se mover com simplicidade e força.

Prepare suas ferramentas de trabalho. Crie e desenvolva um relacionamento íntimo, vivo e duradouro com suas ferramentas: desde sua escolha até a limpeza, a manutenção e o reparo. As ferramentas trabalham individualmente e em conjunto. À medida que limpo a sala e os instrumentos, que os arrumo, que observo as diferentes maneiras como eles se relacionam, estou lidando com elementos de minha vida e de minha arte, mudando-os de lugar e de contexto. Assim, coloco-me em condições de rever os implementos de minha prática de maneiras novas, capazes de me libertar de idéias antiquadas e desgastadas.

Diga adeus à distração. Deixe que a sessão siga suas três fases naturais: invocação... trabalho... agradecimento.

O ritual de abertura — tirar o violino da caixa, ligar o computador, vestir as roupas de dança, misturar as tintas, abrir os livros — é prazeroso em e por si mesmo. Depois de tirar o instrumento da caixa, explore-o, sinta-o: De que maneira o estou segurando? Enquanto afino o instrumento, afino o corpo e a atenção, exploro e ajusto sutilmente os ossos, os músculos, o sangue. Quando faço uma apresentação ao vivo, o palco e todo o teatro se tornam o *temenos*. O palco tem que estar limpo, a fiação elétrica escondida, os instrumentos preparados para o uso, a iluminação ajustada, a ventilação regulada num nível confortável. Em seguida me recolho e pratico um pouco de meditação, um pouco de invocação. Então vou para o palco e começo. Se a essa altura faltar alguma coisa, me apresento sem ela.

Com o tempo aprendi a tratar cada sessão solitária em casa da mesma maneira como trato uma apresentação pública. Em outras palavras, aprendi a dedicar a mim o mesmo cuidado e respeito que dedico ao público. E não foi uma lição sem importância.

Esses rituais de preparação servem para eliminar dúvidas, pontos obscuros e nervosismo, para invocar nossas musas, para abrir nossa capacidade de mediunidade e concentração, para preparar nosso ser para os desafios que virão. Nesse estado de intensa sintonia e afinação, tudo o que fazemos e percebemos se torna criatividade.

O Poder dos Limites

Novos órgãos da percepção passam a existir em conseqüência da necessidade. Portanto, ó homem, aumenta tuas necessidades e poderás expandir tua percepção.

JALLALUDIN RUMI

As primeiras importantes obras de arte que conhecemos, as pinturas paleolíticas das cavernas de Altamira e Lascaux, utilizaram brilhantemente as superfícies tridimensionais que a situação criativa lhes oferecia. A postura e as atitudes dos animais foram sugeridas, até mesmo impostas, pelas saliências, fendas, concavidades e texturas irregulares das paredes de rocha onde eles foram pintados. Parte da força dessas pinturas reside no talento dos pintores para adaptar as formas de sua imaginação à configuração da rocha dura. Em seu encantador romance *A high wind in Jamaica*, Richard Hughes narra as aventuras de um grupo de crianças raptadas por piratas em alto-mar e presas numa cabine do navio. Uma menininha está ali deitada, olhando fixamente para a textura da parede que tem à sua frente, quando vê variadas formas e rostos na madeira e começa a contorná-las com um lápis. Uma cena fantástica surge diante de seus olhos.

Todos nós já tivemos esse tipo de experiência: imaginamos a forma de algum objeto e então, na tentativa de concretizá-la, aparamos os excessos de modo que o material bruto pareça realmente aquilo que imaginamos. Dessa forma, tornamos nossas fantasias internas objetivas e reais.

Quando a menina completa a *gestalt* da textura da madeira, ocorre uma fusão entre a configuração oferecida pelos desenhos circulares aparentemente aleatórios da madeira e a configuração existente na natureza interior da criança. A textura da madeira (ou de uma árvore, de uma rocha, de uma nuvem) *extrai* da criança alguma

coisa relacionada com o que ela sabe, mas que é também mais ou diferente daquilo que ela sabe, porque a criança está *adaptando* a configuração externa a seus desejos e ao mesmo tempo se *acomodando* à configuração externa.[25] Este é o eterno diálogo entre o fazer e o sentir. Com esse exemplo podemos perceber por que, no processo de produção de uma obra de arte, somos capazes de criar coisas surpreendentes. O artista tem uma técnica, um estilo, hábitos pessoais e uma personalidade própria, que, por mais elegantes ou interessantes que sejam, são entretanto previsíveis. No entanto, quando o artista tem que combinar uma configuração exterior a ele com a configuração que ele traz no interior, o casamento das duas configurações resulta em algo nunca visto, mas que é, apesar disso, um prolongamento natural da sua natureza original. O cruzamento ou casamento de duas configurações se torna uma terceira configuração, que tem vida própria. Até mesmo simples combinações de linhas, como as existentes nas impressões digitais ou nas listras de um tigre, têm uma individualidade.

No *I Ching*, as limitações são simbolizadas pelos nós do bambu, limites que dão forma à obra de arte e à vida. Os limites são regras de um jogo a que voluntariamente nos submetemos ou circunstâncias que escapam a nosso controle e exigem de nós uma adaptação. Usamos os limites do corpo, do instrumento, das formas convencionais e de novas formas que inventamos, assim como os limites criados por nossos colaboradores, pelo público, pelo local onde trabalhamos e pelos recursos disponíveis. Há limites ao fracasso (falta de dinheiro, de espaço, de receptividade e aprovação) e limites ao sucesso (falta de tempo, estar cerceado por uma imagem idealizada de si mesmo ou pelas expectativas de outros). Muitas vezes é mais fácil produzir arte de boa qualidade dentro de um baixo orçamento do que de um alto orçamento. Não estou recomendando a pobreza como *modus operandi*; é lógico que necessitamos de materiais para criar, e não há evidências de que uma boa alimentação e disposição para gozar a vida prejudiquem o processo criativo. Mas a necessidade nos obriga a improvisar com o material que temos à mão, a recorrer a uma engenhosidade e a uma inventividade que talvez não emergissem se pudéssemos adquirir soluções prontas.

Freqüentemente, se não sempre, o artista se vê obrigado a trabalhar com instrumentos e materiais complicados e de difícil manuseio, com suas inerentes peculiaridades, maneirismos, resistências, indolências, irritações. Às vezes amaldiçoamos os limites, mas sem eles a arte não é possível. Eles nos proporcionam algo com que trabalhar e contra o que trabalhar. No exercício de nossa arte, submetemo-nos, em grande medida, àquilo que os materiais nos determinam. A viscosidade da tinta, a tensão das cordas de um violino, o ego dos atores — todos esses pontos fracos e limitações podem ser encarados como a disciplina necessária para o despertar da criatividade. A própria língua é um veículo rico de obstáculos e resistências, como assinala T. S. Eliot:

> *Words strain,*
> *Crack and sometimes break, under the burden,*
> *Under the tension, slip, slide, perish,*
> *Decay with imprecision, will not stay in place,*
> *Will not stay still. Shrieking voices*
> *Scolding, mocking, or merely chattering,*
> *always assail them.*[26]

Paradoxalmente, com esse brado de frustração diante da inadequação de palavras limitadas e limitantes, ele desperta em nós uma visceral consciência da beleza e da flexibilidade da língua.

Até mesmo James Joyce, que ampliou e rearticulou os limites da língua inglesa na criação de *Finnegans Wake*, se submeteu a regras muito estritas e muito profundas, as regras do sonho, do mito, do ritmo.

A voz da musa se concretiza nos e através dos limites corporais. Olhe para sua mão atentamente. Para um músico, a mão é, entre todas as estruturas que lhe impõem sua disciplina, a mais presente e a mais maravilhosa. Pelo simples fato de ter cinco dedos, e não seis ou quatro, a forma de nossa mão dá ao trabalho que executamos conformações específicas. O tipo de música que tocamos ao violino ou ao piano, o tipo de pintura que nasce da maneira como seguramos o pincel, o tipo de cerâmica que modelamos são intimamente influenciados pela forma de nossas mãos, pela maneira como elas se movem, por sua resistência. A estrutura da mão não é (mais uma vez) "qualquer coisa"; os dedos têm uma conformação característica, uma abrangência de movimento, um jeito de se cruzar, de se torcer, de saltar, de deslizar, de pressionar, de soltar que levam o músico a se expressar de uma determinada maneira. A elegância da execução depende da maneira como usamos ou superamos essas características em busca de combinações sempre novas. A forma e o tamanho das mãos impõem leis enérgicas, porém sutis, a todo tipo de arte, artesanato ou trabalho mecânico, bem como a nossas idéias e sentimentos. Existe um diálogo contínuo entre a mão e o instrumento, entre a mão e a cultura. A obra de arte não é concebida na mente e então, numa fase distinta, executada pela mão. A mão nos surpreende, cria e resolve problemas por sua própria conta. Muitas vezes, enigmas que obstruem nosso cérebro são resolvidos com facilidade, inconscientemente, pela mão.

No atletismo, na dança, no teatro, esse poder se estende a todo o corpo, que é ao mesmo tempo o motivo, o instrumento, o campo de atuação e a própria obra de arte.

Como no caso do corpo, muitas regras e limites são leis divinas, uma vez que são inerentes não ao estilo ou às convenções sociais, mas ao próprio meio físico da arte: são as leis físicas do som, da cor, da gravidade e do movimento. São leis básicas de cada arte, que permanecem invariáveis independentemente da cultura ou do tempo histórico.

Outras regras não são estabelecidas pela natureza; são as regras das formas, convencionais ou inconvencionais, que voluntariamente decidimos adotar. Podemos improvisar dentro de uma certa escala, de um certo ritmo ou de uma melodia que conhecemos; podemos improvisar apenas com certas formas, pintando somente triângulos por um tempo, dançando apenas próximo ao solo ou somente num trapézio. É uma espécie de jogo que o artista joga incessantemente, obedecendo a um contrato que ele faz consigo mesmo. Picasso abriu novos campos para a arte restringindo-se voluntariamente às nuances da cor azul.

A estrutura desencadeia a espontaneidade. Um simples toque de uma forma arbitrária pode ser introduzido numa improvisação para evitar que ela se desvie do seu curso, ou pode atuar como catalizador. Não é necessário que as regras ditem a forma da peça, embora elas possam fazer isso. Elas podem simplesmente apresentar uma situação definida, capaz de provocar uma reação definida, embora imprevisível, do artista. Ron Fein, um soberbo pianista e compositor com quem colaborei em muitos projetos, sugeriu uma vez que fôssemos para a sessão de gravação munidos com uma pilha de revistas, livros de arte e outros materiais visuais que pudéssemos usar como base para a improvisação que faríamos ao piano e ao violino. Uma imagem provocaria um determinado clima. A sombra inclinada de um automóvel provocaria uma escala descendente que tomaríamos como tema nas idas e vindas de nossos instrumentos. Uma imagem absolutamente ridícula, como um anúncio de xampu, poderia provocar um sublime e delicioso momento musical. Um magnífico quadro de Matisse ou de Remedios Varo seria capaz de provocar um trecho musical totalmente insípido, que rapidamente encontraria a porta de saída da sala. O resultado mais feliz resultou de um mapa de Los Angeles. Ron improvisou sobre as ruas comuns e eu sobre as vias expressas. O resultado foi um frenético, ligeiro, organizado *presto* de dimensões surpreendentes — a despeito do fato de o trânsito de Los Angeles ser na verdade caótico, lento e quase sempre congestionado.

Uma lei que descobri ser de grande utilidade é que *duas regras são mais do que suficientes*. Se temos uma regra referente à harmonia e outra referente ao ritmo, uma regra referente ao clima e outra referente à utilização do silêncio, não precisamos de mais nada. O inconsciente tem um repertório infinito de estruturas; tudo que ele precisa é de alguma estrutura externa sobre a qual se cristalizar. Podemos deixar que a imaginação flua livremente pelo território delimitado por nossas duas regras, confiantes de que a peça assumirá o caráter de uma entidade definida, e não de uma peregrinação.

Os limites estimulam a intensidade. Quando criamos no *temenos* definido pelas regras que voluntariamente escolhemos, descobrimos que a contenção amplifica a força. O compromisso com um conjunto de regras (o jogo) liberta nossa criação e a faz atingir uma profundidade e um vigor que de outra forma seriam impossíveis. Como escreveu Igor Stravinsky: "Quanto mais limites nos impomos, mais libertamos nosso ser dos grilhões que aprisionam o espírito... a arbitrariedade só serve a uma precisão de execução". [27]

Trabalhar dentro dos limites impostos pelo meio nos obriga a mudar nossos próprios limites. Improvisar não significa romper com formas e limitações apenas para se sentir "livre", mas usá-las como um meio real de superação. Se a forma for utilizada de uma maneira mecânica, pode na verdade resultar numa obra convencional, se não pedante ou estúpida. Mas, bem utilizada, a forma pode se tornar o verdadeiro veículo para a liberdade, para a descoberta das surpresas criativas que libertam a criatividade. O poeta Wendell Berry escreveu:

Tudo indica que existam duas Musas: a Musa da Inspiração, que nos oferece visões e desejos inexprimíveis, e a Musa da Realização, que surge vezes sem conta para nos dizer: "É muito mais difícil do que você pensa". É a musa da forma.
(...) Então, talvez essa forma nos sirva melhor quando atua como uma obstrução que nos desvia do curso que pretendíamos seguir. Talvez, quando não mais soubermos o que fazer, possamos atingir nossa verdadeira obra; quando não mais soubermos para onde ir, começaremos nossa verdadeira viagem.[28]

Se certos valores estão contidos dentro de estreitos limites, outros estarão livres para variar com mais força. É por isso, por exemplo, que quartetos de cordas, solos e outras formas limitadas podem alcançar uma maior intensidade emocional do que as sinfonias, e fotos em preto e branco podem revelar maior força do que as coloridas. Num solo de jazz, os sons estão limitados a uma esfera restrita, dentro da qual se abre uma enorme gama de inventividades. Se tivermos todas as cores disponíveis, às vezes estamos demasiadamente livres. Com uma dimensão restrita, a expressão se torna mais livre em outras dimensões.

Um exercício que pode ser muito útil é compor rapidamente pequenas peças de um minuto ou menos, cada uma com começo, meio e fim. É um jogo muito eficiente para improvisações em grupo. Essas peças curtas impõem uma limitação numa dimensão, permitindo total liberdade em outras dimensões. Felizmente, não existe nenhum requisito de intimidação para criar uma grande obra de arte. Os resultados podem ser surpreendentemente fortes nuns poucos quarenta ou cinqüenta segundos. Anton Webern, um dos compositores de vanguarda deste século, compôs muitas peças curtas, que a partir dele se tornaram modelos de clareza e profundidade.

Num espaço confinado, a expressão pode se tornar mais rica e mais sutil. Freqüentemente somos ensinados a adequar nosso impulso ao contexto e à faixa de freqüência do instrumento que temos nas mãos. Os músicos clássicos são ensinados a produzir um som que encha as enormes salas de concerto; os músicos de rock amplificam o som mesmo em pequenas salas, como se ele tivesse que encher um estádio. Mas numa sala pequena, com um público pequeno, ou num estúdio de gravação, podemos tocar com sutileza, extraindo das cordas apenas um sussurro, o que nos permite alcançar uma ampla gama de sons, do mais suave ao mais estridente. Alguns oradores berram no microfone como se tivessem que encher a sala apenas com a força de seus pulmões, enquanto outros sabem que podem apenas murmurar e deixar que o amplificador faça a sua parte. Quando queremos enfatizar um ponto, não precisamos subir o tom da voz; podemos torná-lo mais suave e mais íntimo, mais sutil, mais sugestivo. Uma palavra sussurrada pode ser devastadoramente eficiente. Muitas vezes, os obstáculos impostos por um campo limitado de expressão desencadeiam surpresas essenciais que mais tarde são percebidas como criatividade.

Existe uma palavra francesa, *bricolage*, que significa criar alguma coisa a partir do material que se tem à mão. Um *bricoleur* é uma espécie de homem dos sete instrumentos, capaz de consertar qualquer coisa. Nos filmes de aventura, o poder de *bricolage* é simbolizado pelo herói cheio de truques que salva o mundo apenas com seu canivete suíço e sua esperteza. O *bricoleur* é um artista dos limites.

Bricolage é o que vemos nas crianças, que incorporam qualquer coisa às suas brincadeiras — qualquer trapo ou objeto que encontrem pelo chão, qualquer informação que lhes caia no ouvido. Os sonhos e mitos funcionam da mesma maneira: quando sonhamos, pegamos qualquer coisa que tenha acontecido durante o dia, pedaços de fatos, e os transformamos no mais profundo simbolismo de nossa mitologia pessoal.

O ato mágico da criação é como tirar coelhos de uma cartola. Como na mágica e na evolução da natureza, o rendimento é maior que a energia aplicada. Existe um lucro líquido de informação, complexidade e riqueza. *Bricolage* implica aquilo que os matemáticos chamam de ''elegância'', ou seja, aquela economia de linguagem que permite que uma única linha de pensamento tenha inúmeras implicações e conseqüências. Escrevendo sobre seu compositor favorito, Handel, Beethoven disse que a dimensão da música está em ''produzir grandes resultados com meios escassos''.

Beethoven elaborou sua música unicamente a partir de escalas, uma perícia levada a uma extensão inimaginável. Geralmente, consideramos as escalas como a parte mais elementar e aborrecida da música. Mas nas mãos de Beethoven uma escala nunca é apenas uma escala. É um fenômeno natural em sua totalidade, como o vôo de um pássaro ou uma cadeia de montanhas. Cada nota é pessoal, assume um peso, um equilíbrio, uma textura e um colorido únicos em relação às demais, como só é possível num organismo vivo: o contexto dentro do contexto, sempre mutável, sensual.

Antonio Stradivari construiu alguns de seus mais belos violinos com uma pilha de remos quebrados e encharcados encontrados num cais de Veneza. Como o Davi que se ocultava dentro do bloco bruto de mármore esculpido por Michelangelo, na imaginação de Stradivari a forma acabada do violino estava tangivelmente presente naqueles pedaços de madeira bruta. Da mesma forma, para a imaginação de uma criança, um simples galho de árvore pode ser um homem, uma ponte, um telescópio. Essa transmutação por meio da visão criativa é a verdadeira e cotidiana alquimia. Na *bricolage*, transformamos os materiais comuns que temos nas mãos em nova matéria viva — o "ouro verde" dos alquimistas. O cerne da transformação é a mente que brinca: a mente que, por não ter nada a ganhar ou a perder, trabalha e brinca com os limites e resistências das ferramentas que temos nas mãos. Uma das ilusões que o flautista de nossa lenda teve que abandonar ao longo do caminho foi a crença de que a maravilha da música do mestre dependia da nova flauta ou da técnica com que ele a tocava. Não era a flauta. Às vezes pensamos: "Se pelo menos eu tivesse um bom instrumento — um Stradivarius, um supercomputador, um estúdio de escultura totalmente equipado —, poderia fazer alguma coisa". Mas um artista pode fazer alguma coisa mesmo com o instrumento mais barato. A atitude artística, que sempre implica uma dose saudável de *bricolage*, nos liberta para perceber as possibilidades que estão diante de nós. Aí então poderemos pegar um instrumento comum e torná-lo extraordinário.

O Poder dos Erros

Não tema os erros. Eles não existem.
MILES DAVIS

A poesia muitas vezes entra pela janela da irrelevância.
M. C. RICHARDS

Todos sabemos como nascem as pérolas. Quando um grão de areia se deposita acidentalmente na concha de uma ostra, encrustando-se ali, a ostra passa a secretar uma quantidade cada vez maior de um muco espesso e homogêneo, que se solidifica em camadas microscópicas sobre o corpúsculo estranho, até se transformar numa pedra dura, perfeitamente esférica e lisa, de irradiante beleza. A ostra transforma o grão de areia e a si mesma em algo novo, transmuta a intrusão do erro ou da estranheza num sistema próprio, completando a *gestalt* de acordo com sua natureza.

Se a ostra tivesse mãos, não haveria pérolas. Como ela é obrigada a conviver com a irritação por um longo período de tempo, a pérola se forma.

Na escola, no ambiente de trabalho, quando aprendemos uma arte ou um esporte, somos ensinados a temer, ocultar ou evitar os erros. Mas os erros têm um valor inestimável. Antes de tudo, um valor como matéria-prima do aprendizado. Se não cometermos erros, provavelmente não chegaremos a fazer nada. Tom Watson, que foi durante muitos anos o chefão da IBM, disse: "O julgamento correto nasce da experiência. E a experiência nasce dos erros de julgamento". Os erros e acidentes podem ser grãos de areia que se transformarão em pérolas; eles nos oferecem oportunidades imprevistas, são em si mesmos fontes frescas de inspiração. Aprendemos a considerar nossos obstáculos como ornamentos, oportunidades a serem aproveitadas e exploradas.

Saber enxergar e usar o poder dos limites não significa que qualquer coisa sirva. Prática é autocorreção e refinamento, é trabalhar em busca de uma técnica mais clara e mais confiável. Mas, quando um erro ocorre, podemos encará-lo como uma informação sem valor sobre nossa técnica ou como um grão da areia a partir do qual será possível produzir uma pérola.

Freud nos mostrou a maneira fascinante como os lapsos de linguagem revelam o material inconsciente. O inconsciente é o verdadeiro pão do artista, de forma que os erros e lapsos devem ser valorizados como informações inestimáveis ⸲do nosso interior. À medida que desenvolvemos nosso ofício e nossa vida em busca de uma maior clareza e individualização, aprendemos a reconhecer esses acidentes essenciais. Podemos usar os erros que cometemos, os acidentes do destino, e transformar até nossas fraquezas em vantagens.

Muitas vezes nosso processo de criação toma um novo rumo devido aos contratempos e frustrações inerentes à vida. Aqueles que se apresentam em público passam por isso todos os dias, ou a cada hora. Quando lidamos com instrumentos, gravadores, projetores, computadores, sistemas de som e luz, sempre ocorrem as inevitáveis panes antes do espetáculo. Ou é o artista que fica doente, ou um assistente indispensável que resolve sumir na última hora, ou briga com a namorada e se sente emocionalmente incapaz de trabalhar. Muitas vezes, é desses acidentes que brotam as soluções mais engenhosas e até mesmo improvisações altamente criativas.

É uma noite de domingo. O equipamento quebrou e as lojas estão fechadas. O público vai chegar dentro de uma hora. Você é obrigado a se servir de seus talentos de *bricoleur* e improvisar alguma engenhoca nova e maluca. É então que você consegue seus melhores momentos. Objetos comuns ou sucata de repente se tornam valiosos materiais de trabalho, e sua percepção sobre o que é necessário ou desnecessário muda radicalmente. O que me atrai num espetáculo público são essas calamidades totalmente imprevisíveis. Na vida, como num *koan* do zen-budismo, criamos mudando nossa perspectiva até um ponto em que as interrupções são a resposta. O redirecionamento da atenção que ocorre quando incorporamos o acidente ao fluxo de nosso trabalho nos deixa livres para ver a interrupção de uma maneira nova e encontrar o ouro alquímico que nela existe.

Uma ocasião, eu estava preparando um espetáculo de poesia, com projeções de *slides* em várias telas e música eletrônica que eu havia composto especialmente para o evento. Na semana anterior ao espetáculo, durante os repetidos ensaios, acabei pegando uma laringite. No dia da apresentação, acordei com a voz arruinada e febre alta. A princípio, pensei em cancelar o espetáculo, mas por fim decidi que com isso perderia o divertimento. Então, abandonei o apego à minha música e fiz modificações no sistema de som. Sentei-me numa velha cadeira de rodas e usei um microfone. Amplificada, minha voz grave, gutural, fantasmagórica, obsessiva se transformou num instrumento de qualidades surpreendentes e me permitiu descobrir na minha poesia uma profundidade até então insuspeitada.

Um "erro" ao violino: eu estava tocando numa determinada seqüência: 1, 2, 3, 6; 1, 2, 3, 6. De repente, dei uma escorregada e toquei 1, 2, 3, 7, 6. O que menos interessa nesse momento é saber se quebrei uma regra ou não; o que interessa é o que vou fazer no décimo de segundo seguinte. Posso adotar a atitude tradicional e tratar meu deslize como um erro: esperar que ele não volte a acontecer e, enquanto isso, me sentir culpado. Ou posso repeti-lo, ampliá-lo, desenvolvê-lo até que ele se torne uma nova seqüência. E posso ainda deixar de lado a antiga e a nova seqüência e descobrir um contexto imprevisto que inclua ambas.

Um "acidente" ao violino: Estou tocando ao ar livre, à noite, numa montanha coberta pela neblina. Romântico? Sem dúvida. Mas úmido também. Devido ao frio e à umidade, a corda inferior de repente se afrouxa e desafina. Desafina com o quê? Com a minha referência preconcebida de "afinação". Novamente, tenho três alternativas. Posso voltar a afiná-la e fingir que nada aconteceu. Ou posso tocar com a corda frouxa, descobrindo as novas harmonias e texturas que ela contém. Uma corda grave, quando se afrouxa, não apenas baixa de tom, mas também reage mais facilmente ao peso do arco e produz (se tocada de leve) tons mais sussurrantes e ressonantes do que uma corda normal. Eu poderia me divertir um bocado naquele subsolo tonal. Ou tenho também a alternativa de desafiná-la ainda mais, até levá-la a uma nova e interessante relação com as demais cordas (*scordatura*, uma técnica que os antigos violinistas italianos adoravam). Agora, tenho nas mãos um instrumento inteiramente novo, com uma nova e diferente conformação sonora.

Um "acidente" de computação gráfica: estou me divertindo com um programa que me permite criar arte visual na tela do computador e depois arquivá-la para usá-la mais tarde. Pretendo chamar o arquivo em que estava trabalhando no dia anterior, mas aciono o comando errado e chamo o índice de endereçamento postal de minha mala direta. Os milhares de códigos postais se transformam numa tela de padrões abstratos, revelando uma bela e surpreendente cena da vida microscópica de um outro mundo. Desse erro acidental evoluiu uma técnica que usei para criar dezenas de novos trabalhos de arte.

Como sabemos, a história da ciência está repleta de casos de descobertas importantíssimas que se originaram de erros ou de acidentes: Fleming descobriu a penicilina graças ao fungo que contaminou uma lâmina de cultura; Roentgen descobriu os raios X graças a um descuido no manuseio de uma placa fotográfica. Muitas vezes, os acidentes ou desvios que somos tentados a rejeitar como "dados inúteis" se revelam fundamentais. Várias tradições espirituais nos mostram a vitalidade que podemos ganhar ao reexaminarmos o valor de coisas que talvez tenhamos rejeitado como insignificantes: "A pedra que os construtores rejeitaram", diz um salmo de Davi, "acabou se tornando a pedra fundamental".[29] O poder dos erros nos permite reestruturar os bloqueios criativos e virá-los do avesso. Às vezes, o pecado da ação ou omissão pelo qual vivemos nos culpando pode ser a semente de nossa melhor obra. (O cristianismo fala da *felix culpa*, ou seja, o pecado afortunado.) As partes mais problemáticas do nosso trabalho, as mais desconcertantes ou frustrantes, são na verdade uma ampliação de nossos limites. Só poderemos perceber essas oportunidades se abandonarmos nossos preconceitos e nossa presunção.

A vida nos coloca diante de inúmeras irritações que podem ser mobilizadas para a produção de pérolas — inclusive todas as pessoas irritantes que cruzam nosso caminho. Volta e meia nos vemos sufocados por algum tirano mesquinho que faz de nossa vida um inferno. Muitas vezes, essas situações, por mais infelizes que sejam, nos levam a estruturar, focalizar e mobilizar nossos recursos interiores de uma maneira surpreendente. Então, não seremos mais vítimas das circunstâncias, mas capazes de usar essas circunstâncias como veículos da criatividade. É o conhecido princípio do jiu-jítsu: usar os golpes do adversário e a energia que vem deles para desviá-los em nosso proveito. Quando caímos, nos levantamos nos apoiando naquilo que nos fez cair.

O poeta-sacerdote budista Thich Nhat Hanh criou uma interessante técnica de meditação a partir do toque do telefone. O som de um telefone tocando e nossa reação automática de correr para atendê-lo parecem o extremo oposto da meditação. O toque e a reação revelam a essência da agitação e da instabilidade com que vivemos o tempo em nosso mundo. Hanh diz: não importa o que esteja fazendo, use o primeiro toque como um sinal para entrar em contato com a consciência plena, com o ritmo da respiração e com o seu verdadeiro centro. Use o segundo e o terceiro toque para respirar e sorrir. Se a pessoa que chama quiser falar, vai esperar pelo quarto toque, e então você estará pronto. O que Thich Nhat Hanh quer dizer é que, na vida, a consciência, a prática e a poesia não estão restritas a um tempo e a um lugar em que tudo é perfeito; podemos usar os elementos de pressão social para aliviar a pressão. Mesmo sob o som de helicópteros — e quem está falando é um homem que enterrou muitas crianças no Vietnam sob o ronco dos helicópteros e o estrondo das bombas —, é possível dizer: "Ouça, ouça; este som me leva de volta ao meu verdadeiro ser".

A Criação Compartilhada

São necessários dois para se conhecer a unidade.
GREGORY BATESON

A beleza de tocar junto com alguém é a possibilidade de encontrar a unidade. É surpreendente a freqüência com que dois músicos de formação e escolas diferentes se encontram e, antes de trocar duas palavras, começam a improvisar, revelando uma totalidade, uma estrutura e uma perfeita comunicação. Toco com um parceiro; ouvimos um ao outro, espelhamos um ao outro, estamos conectados com aquilo que ouvimos. Ele não sabe para onde estou indo, eu não sei para onde ele está indo, e no entanto prevemos o que o outro vai fazer, sentimos, conduzimos e seguimos um ao outro. Não há uma estrutura preestabelecida, mas, depois de cinco segundos tocando juntos, passa a existir uma estrutura, porque demos início a alguma coisa. Um abre a mente do outro como uma série infinita de caixas chinesas. Uma misteriosa comunicação flui de um para o outro com maior rapidez do que qualquer sinal que pudéssemos passar através do olhar ou do som. A música não nasce de um ou de outro, embora nossas idiossincrasias e nossos estilos, os sintomas de nossa natureza original, continuem exercendo a sua influência. A música também não nasce de um compromisso entre nós ou de um meio-termo (a média é sempre uma coisa tediosa!), mas de um terceiro elemento, que não é necessariamente igual ao que um ou outro de nós faria individualmente. O que brota é uma revelação para nós dois. Um terceiro estilo, totalmente novo, nos supera. É como se tivéssemos nos tornado um organismo grupal que tem uma natureza própria e um peculiar modo de ser, um elemento único e imprevisível, que é a personalidade ou o cérebro grupal.

Afirmamos anteriormente que a fala cotidiana é um exemplo de improvisação. Mais do que isso, é uma improvisação compartilhada. Conhecemos alguém e juntos criamos uma linguagem. Há uma troca de sentimentos e de informações entre nós, um intercâmbio requintadamente coordenado. Quando a conversa flui, mais uma vez não é uma questão de meio-termo, mas de desenvolver algo novo para ambos os interlocutores.

Alguns trabalhos são grandes demais para que possamos dar conta deles sozinhos, ou simplesmente é mais divertido realizá-los com amigos. Qualquer que seja o caso, isso nos leva ao fértil e desafiador campo da colaboração. Quando trabalham juntos, os artistas exploram um outro aspecto do poder dos limites. Existe uma outra personalidade e um outro estilo que precisam ser absorvidos e contidos. Cada colaborador traz para o trabalho um conjunto diferente de forças e resistências. Cada um proporciona ao outro irritação e inspiração — o grão de areia com que ambos produzirão uma pérola.

Precisamos lembrar uma coisa óbvia, que no entanto nunca é demais reafirmar: personalidades diferentes têm estilos criativos diferentes. Não existe uma única idéia de criatividade capaz de descrevê-la na sua totalidade. Portanto, como em qualquer relacionamento, quando colaboramos com outros construímos um ser maior, uma criatividade mais versátil.

Isso nos reconduz à lei da variedade necessária de que já falamos anteriormente. Quando cruzamos duas identidades, multiplicamos a variedade de todo o sistema, e ao mesmo tempo cada identidade atua como um controle sobre a outra e como um estímulo ao desenvolvimento do sistema como um todo. É por isso que a reprodução sexual surgiu tão cedo na história da vida sobre a Terra. Devido ao cruzamento ou à mistura de dois conjuntos de genes diferentes, a ambivalência, a mutação e conseqüentemente a plena riqueza da evolução se tornaram possíveis. Se assim não fosse, a evolução teria ocorrido, mas de uma maneira terrivelmente enfadonha. Ainda seríamos protozoários ou fungos, reproduzindo por mitose a mesma e tediosa cópia genética durante séculos e séculos.

Uma vantagem da colaboração é que é muito mais fácil aprender com alguém do que sozinho. E a inércia, um dos maiores bloqueios que ocorrem no trabalho solitário, praticamente não existe: A libera a energia de B e B libera a energia de A. A informação flui e se multiplica facilmente. O aprendizado se torna multifacetado, uma força renovadora e revitalizante.

E, naturalmente, os amigos têm um poder incalculável, mesmo que não sejam nossos colaboradores. Por meio da conversa, do apoio, do conforto, do humor e do *feedback*, ou até mesmo do desafio, da crítica e da oposição que nos oferecem, eles são o mais perfeito eliminador de bloqueios. Existe um vasto universo de intercâmbios, não só com os amigos íntimos que nos amam, mas também com pessoas que às vezes nem conhecemos bem e que no entanto surgem para lançar em nosso ouvido a informação certa no momento certo (ou lembrar-nos de alguma que já sabíamos mas havíamos esquecido).

Lembro-me, de repente, da pequena loja de discos pintada de verde que visitei quando tinha catorze anos e do vendedor inglês que me chamou com um ar de mistério, me estendeu um antigo disco das suítes para *cello* de Bach e disse: "Por falar nisso, você já ouviu falar do grande Pablo Casals?".

E há ainda aqueles extraordinários irmãos espirituais que aparecem uma ou duas vezes em nossa vida e que possuem uma profunda percepção de quem somos e do que somos capazes de nos tornar — amigos que chamamos de mestres, capazes de mudar irrevogavelmente nossa vida com umas poucas palavras. Às vezes, palavras tão simples como: "Alguma coisa está faltando!".

Além das surpresas estéticas que podemos encontrar na exploração de nosso ofício, vivemos em comunidade e reagimos uns aos outros graças à capacidade de *ouvir, observar* e *sentir*. A realidade compartilhada que criamos nos oferece mais surpresas do que nosso trabalho individual. Quando tocamos com outras pessoas, existe um risco real de cacofonia, cujo antídoto é a disciplina. Mas não precisa ser a disciplina do "vamos estabelecer uma estrutura de antemão". Trata-se da disciplina da mútua consideração, da consciência do outro, de saber ouvir o outro e da disposição para a sutileza. Confiar no outro envolve enormes riscos, o que nos leva à tarefa ainda mais desafiadora de aprender a confiar em nós mesmos. Desistir de algum controle em favor de outra pessoa nos ensina a desistir de algum controle em favor do inconsciente.

A livre colaboração entre músicos é apenas uma das muitas possibilidades de intercâmbio estético. A colaboração intermídias enriquece igualmente a vida de poetas, artistas plásticos, bailarinos, atores, cineastas e muitos outros artistas. As combinações e permutas são infinitas, e novas tecnologias estão tornando infinitamente mais exeqüível o velho sonho da arte multimídia. Vivemos numa época em que os multiformes mundos da música e da arte estão começando a se encontrar, a se misturar e a criar espécies totalmente novas. Uma ponte está sendo lançada entre todos os tipos de arte: entre o oriental e o ocidental, entre o popular e o clássico, entre a improvisação e a composição rigidamente estruturada; o vídeo se junta ao sintetizador digital, que se junta ao monocórdio de Pitágoras, que se junta à dança-teatro balinesa. Culturas inteiras se expressam juntas, uma colaborando com a outra, uma fertilizando a outra.

Nos anos 60, minha amiga Rachel Rosenthal criou em Los Angeles um grupo permanente de improvisação, o Instant Theater, no

qual o espetáculo teatral como um todo, inclusive os figurinos, os cenários e a iluminação, era fruto de improvisação coletiva. Os refletores se moviam e os atores os seguiam, em mútua ação e reação, num clima de confiança mútua. Pessoas que falam línguas diferentes, com técnicas diferentes e provenientes de escolas diferentes, podem representar juntas e criar um teatro vivo e total. Esse tipo de inter-relação na expressão artística sempre ocorreu entre amigos, embora geralmente não haja um elemento concreto pelo qual o evento possa ser lembrado posteriormente. O que chega até nós (e não importa se vêm da semana anterior ou de cinco séculos atrás) são excitantes rumores, como o de que Leonardo da Vinci e seus amigos se reuniam na corte de Milão para apresentar óperas inteiras em que a música, o libreto e a encenação eram criados espontaneamente durante a apresentação.[30]

A colaboração artística pode percorrer toda uma escala, desde uma hierarquia totalmente estruturada, como por exemplo a de uma equipe de cinema que trabalha a partir de um roteiro, até um grupo de artistas performáticos que, não tendo um diretor, partilham a responsabilidade por tudo o que acontece no espetáculo.

A livre improvisação coletiva nas artes performáticas, na música, na dança e no teatro nos convida a participar de formas inteiramente novas de relacionamento humano e de harmonias recém-criadas, em que a estrutura, a linguagem e as regras não são ditadas por uma autoridade, mas criadas pelos participantes. O fazer artístico compartilhado é, em e por si mesmo, a expressão, o veículo e a força motriz dos relacionamentos humanos. Na expressão conjunta, os participantes constroem uma sociedade à parte e toda própria. Proporcionando um relacionamento direto entre as pessoas, sem qualquer outro intermediário a não ser a imaginação de cada um, a improvisação em grupo atua como um catalizador de amizades fortes e especiais. Existe uma intimidade que não pode ser alcançada com palavras ou deliberação, uma intimidade que lembra a sutil, rica e instantânea comunicação entre dois amantes.

Existe um fenômeno chamado sincronismo, que é a conjugação de dois ou mais sistemas rítmicos numa só pulsação. Se vários operários estão martelando numa construção, depois de cinco minutos eles entram no mesmo ritmo sem qualquer comunicação explícita. Da mesma forma, o ritmo fisiológico de um corpo entra em ressonância com o de outro corpo; até mesmo osciladores eletrônicos que operem muito próximos da mesma freqüência entram em sincronismo. É o sincronismo que provoca os estados de transe nas danças dos sufis. Na improvisação coletiva, os participantes podem contar com esse fenômeno

natural para respirar juntos, pulsar juntos, pensar juntos.

No sincronismo, as vozes não estão rigidamente presas umas às outras; estão sempre escapando ligeiramente e voltando a encontrar-se em micromomentos de tempo. A perfeita harmonia pode ser um êxtase ou um tédio absoluto. É essa oscilação, esse vaivém, que a torna excitante. Podemos experimentar esse fenômeno mesmo sem estarmos tocando, dançando ou representando em grupo. Para um escritor, por exemplo, as bibliotecas são ótimos lugares para se trabalhar, porque, embora as pessoas que nos cercam sejam totalmente estranhas e cada uma esteja fazendo o seu trabalho, o ritmo silencioso de pessoas trabalhando juntas aumenta a energia de cada uma para o trabalho. Sentimos que o sincronismo reforça nossa concentração e nosso compromisso de estar no trabalho. Para alguém que está aprendendo a meditar, sentar-se de pernas cruzadas durante meia hora em silêncio e perfeita calma pode ser uma prova difícil para o sistema nervoso. Mas, num grupo de meditação coletiva, fica muito mais fácil vencer o desafio físico e espiritual.

O sincronismo conduz a uma unidade entre os artistas, e entre eles e a platéia. Um bom hipnotizador lhe dirá que será muito mais fácil levar uma pessoa ao transe se você estiver atento à respiração dela e ajustar o ritmo e o tom de suas palavras ao ritmo e ao tom da respiração. É exatamente isso que faz um músico que está improvisando para uma platéia: aprende a detectar e amplificar a respiração coletiva, que, à medida que a experiência prossegue, se torna cada vez mais sincronizada e profunda. Existe na sala uma qualidade de energia que é muito pessoal e particular daquelas pessoas, daquela sala, daquele momento. Como no caso do controle das reações corporais autônomas por *biofeedback*, não sabemos bem como isso acontece, mas a verdade é que acontece.

Nesses momentos, os seres individuais dos artistas e do público *desaparecem*, e uma espécie de secreta cumplicidade se estabelece entre nós. Captamos um brilho especial nos olhos de cada um dos outros e nos sentimos um só ser. Nossas mentes e nossos corações vibram no mesmo ritmo. É mais provável que isso aconteça em apresentações informais, onde não haja separação entre palco e platéia que imponha uma divisão entre artistas ativos e espectadores passivos. Por meio desse sincronismo sutil mas poderoso, a platéia, o ambiente e os artistas se unem num todo que tem uma organização própria. Até os cães presentes na sala entram em sincronismo. Descobrimos juntos e ao mesmo tempo o clima rítmico e emocional da cena que se desenrola. Os limites de pele se tornam permeáveis, portanto irrelevantes; os artistas, a platéia, os instrumentos, a sala, a noite lá fora, o espaço se tornam um só ser pulsante.

O Desenvolvimento da Forma

O corpo da escrita assume milhares de formas,
e não existe uma maneira correta de medi-las.
Por serem mutáveis, mudança que ocorre à velocidade
da mão, é difícil capturar suas várias formas.
Palavras e frases competem entre si, mas a mente é
sempre o seu senhor.
Apanhado entre o não-nascido & o vivente, o escritor
luta para manter a profundidade e a superficialidade.
Ele pode se afastar do quadrado, pode ultrapassar o
círculo buscando a forma verdadeira de sua realidade.
Ele encherá os olhos de seus leitores de esplendor;
aguçará os valores da mente.
Aquele cuja linguagem está confusa não pode fazer isso; só
a mente clara pode produzir uma linguagem nobre.

LU CHI

Como a estrutura surge na improvisação? Como formas de arte maiores e mais ajustadas tomam forma a partir da matéria-prima da inspiração momentânea? Quando examinarmos essas duas questões inter-relacionadas, veremos a improvisação como um sistema que se auto-organiza, que se questiona sobre sua identidade.

O jogo das vinte perguntas

Peter Schickele fez uma hilariante gravação da *Quinta sinfonia* de Beethoven, acompanhada passo a passo pelo comentário de dois locutores esportivos.[31] A torcida empurra a sinfonia para a frente à medida que os locutores a vão narrando como uma partida esportiva, informando a contagem de pontos do maestro e da orquestra, que o trompetista se atrapalhou numa determinada nota ou que Beethoven vai para a prorrogação com mais uma de suas recapitulações. Existe uma certa dose de verdade nessa paródia. Quando ouvimos música, subliminarmente nos fazemos uma série contínua de perguntas e respostas: Para onde vai a melodia do trompete? Como essa modulação vai acabar? Como o compositor vai voltar à base de onde partiu? Esse desenvolvimento temático vai para a esquerda ou para a direita? Na tradição musical indiana, a platéia demonstra abertamente uma audição ativa. Os ouvintes torcem em silêncio durante um concerto à medida que suas premonições são confirmadas ou contrariadas, saem da sala para tomar um lanche se o concerto está chato e entram num estado de profunda concentração quando a música atinge momentos sublimes.

A mente joga incessantemente o velho Jogo das Vinte Perguntas, no qual se tenta adivinhar no que a outra pessoa está pensando por meio de perguntas do tipo sim ou não. É mais fácil ganhar o jogo fazendo primeiro perguntas que tracem uma linha divisória no território desconhecido (vivo ou morto? homem ou mulher?) e depois ir fechando gradualmente o círculo, com cada pergunta especificando as respostas anteriores. Numa peça musical, o acorde de abertura, o tema ou o ritmo inicial, criam instantaneamente uma expectativa que gera perguntas, que por sua vez alimentam expectativas sobre o trecho seguinte. Uma vez que o músico toque alguma coisa, qualquer coisa, o próximo passo será uma conseqüência ou uma oposição; existe um padrão que será reforçado, modulado ou rompido.

Portanto, sem a imposição de uma intenção preconcebida, uma improvisação musical é capaz de se estruturar dinamicamente por si mesma. A primeira seleção de sons é livre, mas, à medida que prosseguimos, as seleções *já feitas* influenciam as que *iremos fazer*. Uma tela ou uma folha de papel em branco "não tem forma, é um vácuo" (Gênesis 1;2), mas um único ponto ali colocado cria um mundo definido e impõe uma série infinita de problemas criativos. Para criar ficção, tudo o que temos que fazer é lembrar de uma vendedora ambulante ou de um vendedor de computadores, e imediatamente surgem milhares de perguntas, que levam a outras tantas respostas, que por sua vez geram novas perguntas, e assim por diante.

Uma improvisação pode percorrer muitos desses ciclos — podemos levar os sons e silêncios até uma solução e retomá-los de repente, varrendo toda uma nova trilha através do tempo; e então, mais uma vez, a música se resolve por si mediante perguntas e respostas que coloca a si mesma. Erros e acidentes, ou dádivas de pura inspiração, podem entrar a qualquer tempo no processo para fertilizá-lo com informações novas. A música flui por todas essas mudanças, incorporando-as e assimilando-as à medida que elas ocorrem. Essa descoberta de um padrão no tempo é análoga à maneira como Michelangelo revelava uma estátua contida num bloco de pedra — eliminar progressivamente o superficial até obter uma clara visão dos traços do verdadeiro ser.

Uma forma musical que ilustra esse processo é a que parte das variações para o tema, como por exemplo em vários trechos das sinfonias de Sibelius ou nas intensas variações de Keith Jarret ao piano no *Koln Concert*. Em ambos os casos, em vez de estabelecer as linhas gerais de um tema e a partir dele criar uma série de variações, o artista começa com extensas variações altamente elaboradas sobre um tema ainda não revelado. À medida que o desenvolvimento (reverso) procede, os ornamentos são progressivamente eliminados, revelando gradualmente as linhas-mestras do tema que estava oculto durante todo o tempo. Sentimos um choque de reconhecimento quando o motivo fundamental finalmente emerge. Nosso prazer estético resulta não só da revelação do inevitável mas do jogo dinâmico entre o fundamental e o ornamental.

À medida que perguntas e respostas se desdobram, sentimos o excitamento de estar seguindo uma pista, como numa história policial. Entre as diversas e confusas circunstâncias de um assassinato ficcional, buscamos o cociente simplificador, o criminoso. Em meio ao emaranhado de materiais que vem à tona numa improvisação, tentamos simplificar todos os floreios e vaivéns e encontrar a resposta para a pergunta: "Qual é a estrutura profunda do tema, do padrão ou da emoção de onde tudo isto emerge?".

Na literatura, alguns livros têm essa propriedade de autopropulsão, que prende a atenção do leitor até a última página. As novelas funcionam da mesma maneira. Cada episódio termina numa suspensão, de modo que o máximo de perguntas são propostas à mente do espectador e permanecem suspensas até o próximo capítulo. No momento em que as questões pendentes recebem uma resposta, surge uma nova série de perguntas.

A forma de perguntas e respostas, de ação e reação, é uma das mais antigas formas da música, do ritual, do teatro e da dança. Ela remonta, talvez, às primeiras interações de espelhamento entre a mãe e o bebê.

Um dos maiores segredos da estética é a mobilização desse diálogo constante e o precário equilíbrio que se estabelece entre as premonições confirmadas e as premonições frustradas. Qualquer tipo de forma pode conter esse processo. Uma melodia identificável, seja do tipo tonal tradicional (Mozart, The Beatles), seja do tipo atonal mais ousado (Schoenberg, Coltrane), cria uma rede de antecipações. O ouvinte grava o som à medida que o ouve, e então o compara com o próximo trecho melódico para ver de que maneira ele se assemelha ou difere do modelo.

Ler, ouvir e apreciar arte é uma questão de resposta ativa, de dialogar com o material. Uma obra criativa nos impulsiona de uma pergunta para a seguinte; ficamos embaraçados pela pergunta, que gera uma resposta, que é em si mesma outra pergunta. Recriamos um livro à medida que o lemos. Como no Jogo das Vinte Perguntas, começamos da borda e vamos caminhando em espiral em direção ao centro. Podemos reler o livro ou voltar a ouvir a música meses ou anos depois e descobrir novos significados mais integrativos, ritmos que não fomos capazes de perceber, uma maior profundidade.

Da mesma forma, grandes descobertas científicas ocorrem quando a aparente complexidade de repente se soluciona pela visão de um padrão subjacente que explica os fatos em profundidade. Alguém vai eliminando hipóteses ou temas, ajustando os sentidos a padrões e princípios mais claros e mais coerentes. Surpresas, erros, acidentes, anomalias e mistérios surgem inesperadamente para nos desconcertar e fertilizar nosso campo mental. Conduzem-nos a novos ciclos de descobertas, que geram uma nova fase de complexidade, que por sua vez aguarda uma nova síntese.

Einstein não invalidou as leis de Newton. Ao contrário, revelou um contexto mais profundo que englobava tanto as leis conhecidas da física quanto os novos e estranhos fenômenos do eletromagnetismo. À medida que as idéias evoluem, ocorre um ritmo de sístolediástole entre a rejeição dos erros e acidentes, sua aceitação e sua incorporação, junto com o antigo sistema de crenças, num sistema mais rico e mais complexo.

Criar não é substituir o nada por alguma coisa, o caos pela organização. Não existe caos; o que existe é um vasto mundo vivo em que as regras de especificidade dos padrões são tão complexas que nos provocam cansaço só de olhar para elas. O ato criativo descarta uma forma ou progressão que contenha uma grande dose de complexidade e a transforma numa noção simples e satisfatória.

As piadas nos fazem percorrer todo esse ciclo numa questão de segundos. A primeira parte da piada nos leva a criar uma teoria sobre o que está acontecendo — e então o desfecho repentino derruba nossa teoria e nos traz uma nova visão. Da mesma forma, a arte nos surpreende e transforma nossos referenciais, mas também nos deixa ambigüidades inexoráveis e irresolvidas. A composição artística faz com que as surpresas e mudanças de rumo pareçam inevitáveis, ou torna o inevitável surpreendente.

100

Esses princípios atuam em maior escala no trabalho de um mestre do romance como Thomas Mann. Na página 3, ele nos oferece metade de uma imagem, uma abertura de parênteses que cria uma textura e uma tensão das quais talvez nem tenhamos consciência. Na página 283, a outra metade da imagem aparece num contexto muito mais rico, fechando os parênteses. Só então tomamos consciência do que ele fez. Esses dois colchetes de imagens separadas por um amplo espaço entrelaçam todo o tecido da obra num metapadrão. Graças aos padrões já revelados, estamos preparados para ouvir o próximo trecho mesmo que ele ainda não tenha sido narrado. Cada imagem dá ao leitor um padrão preliminar, possivelmente pré-consciente, que permite ao romance se expandir em muitas direções e ainda assim continuar íntegro. A arte reside em não dar ao leitor informações de mais ou de menos, mas a quantidade suficiente para catalizar a imaginação ativa. A melhor arte não é a que se apresenta numa bandeja de prata, mas a que desperta a capacidade do leitor para a ação.

A chave da improvisação ou da composição é tornar cada momento tão instigante a ponto de nos conduzir inexoravelmente ao próximo. Adoramos ser seduzidos pelo adiamento do inevitável. Adoramos ver o artista enveredar por um atalho perigoso e viver o drama de escapar dele, dando sentido e forma a toda a jornada. Podemos vivenciar esse mesmo tipo de suspense nas sonatas tradicionais dos compositores clássicos e românticos. Primeiro o material é apresentado, depois elaborado, ornamentado, e então faz uma curva e se precipita para baixo (*galumphing!*). Temos a sensação de uma série de caixas chinesas se abrindo e revelando outras caixas, até que inevitavelmente a última caixa de abre e revela... a primeira. O mesmo ocorre com formas polifônicas como as fugas e cânones de um Bartók, de um Bach ou de um Monteverdi, que são tão prazerosas porque nos envolvem numa sensação de universos paralelos que, no entanto, se mesclam e se resolvem num só universo.

Preste atenção ao final da música, da prosa, do filme. A peça simplesmente pára ou provoca sua própria conclusão em seus próprios termos? O momento final pode ser o último florescimento do primeiro, com todos os momentos intermediários interligados e entrelaçados. Sentimos uma forte sensação quando o desfecho finalmente chega — uma experiência que geralmente vem acompanhada de risos, lágrimas ou outros sinais corporais de que estamos *comovidos*. Quando uma peça termina bem, isso fica imediatamente evidente tanto para os artistas quanto para a platéia.

Mas, para ser bem realizada, uma peça não precisa ter as mesmas qualidades de uma fuga, de uma sonata, de um rondó ou de qualquer outra forma estabelecida. Existem milhões de maneiras de compor e estruturar uma obra de arte. Cada peça, seja ela improvisada ou escrita, dançada ou pintada, pode desenvolver sua própria estrutura, seu próprio mundo. A palavra *criar* vem de "fazer brotar", como no cultivo de plantas. Fazemos brotar ou desenvolvemos um conjunto de regras de progressão, canais recém-criados pelos quais a expressão pode fluir.

Dar forma ao todo

Na livre improvisação, jogamos com sons e silêncios, e à medida que os criamos eles desaparecem para sempre. Quando produzimos obras maiores — livros, sinfonias, peças teatrais, projetos de pesquisa, filmes —, somos obrigados a reunir os resultados de muitas inspirações e mesclá-los numa estrutura fluente, que tenha uma unidade própria e permaneça pelo tempo afora. Os pensamentos e sentimentos mais efêmeros são gradualmente moldados numa forma que será trabalhada, corrigida e refinada antes de ser apresentada ao público. É então que o escultor elimina os excessos e dá polimento à pedra; é então que o pintor recobre a imagem inicial com camadas e camadas de re-visões enriquecedoras.

A musa nos oferece lampejos brutos de inspiração, *flashes*, momentos de improvisação em que a arte flui. Mas também nos dá a tarefa técnica de organizar o que criamos, ordenar e jogar com as peças até que elas se ajustem. Nós as arranjamos, cozinhamos e digerimos. Somamos, subtraímos, reordenamos, mudamos, separamos, misturamos. O jogo de revisão e correção transforma o material cru em cozido. Isto já é em si uma arte, a arte da visão e da revisão, de retrabalhar o produto semicozido de nossa criação original.

É essencial que esse trabalho organizacional não seja feito de uma maneira mecânica. A correção precisa brotar da mesma alegria inspirada e do mesmo abandono que existe na livre improvisação. Stravinsky nos diz: "A idéia do trabalho está para mim tão intimamente ligada à organização do material e ao prazer que o fazer real me proporciona que, se o impossível acontecesse e meu trabalho de repente me fosse dado numa forma perfeita e acabada, eu me sentiria embaraçado e perplexo, como se me tivessem pregado uma peça".[32]

Existe uma crença estereotipada de que a musa que existe em nós atua por meio da inspiração, enquanto o revisor em nós atua por meio da razão e do discernimento. Mas se deixarmos a criança travessa ou o improvisador que existe em nós fora do processo, a revisão se torna impossível. Se encaro o parágrafo que escrevi no mês passado como meras palavras sobre uma página, elas estarão mortas, e eu também. Mas se olho para elas de esguelha e *desapareço*

102

um pouco, elas começam a serpentear e a desenvolver tentáculos como seres vivos primitivos; os tentáculos começam a se ligar uns aos outros, a se enroscar e desenroscar, até que uma configuração emerge e se clarifica.

O organismo em evolução ganha um impulso e uma identidade próprios. Conduzimos um diálogo com o trabalho vivo em evolução. Não precisamos ter vergonha de falar em voz alta com nossa obra. Geralmente, achamos que falar sozinho é sinal de loucura. Manter um diálogo consigo mesmo, então, uma loucura total. No entanto, no caso de um bloqueio criativo, essa é uma técnica valiosa. Isole-se por algum tempo para poder fazer isso sem ser perturbado. Em momentos cruciais, esse diálogo interior se torna o cerne do processo criativo.

Alguns elementos desse processo de revisão artística: (1) profunda percepção para as intenções que estão abaixo da superfície; (2) amor sensual à linguagem; (3) senso de elegância; e (4) impiedade. Os primeiros três podem ser resumidos sob a categoria de bom gosto, que envolve senso de equilíbrio e conhecimento do meio, temperados com a quantidade exata de escândalo. A impiedade é necessária para manter a obra de arte clara e simples — sem esquecer que existe uma enorme diferença entre simplicidade e insipidez! A simples formulação de nossa visão pode não ser nada fácil; pode ser uma tarefa desafiadora, perturbadora e exigir muito trabalho.

Na delicada tarefa de ajustar as peças, trabalhamos a partir de um duplo ponto de vista: por dedução, partindo de nossa inspiração original do todo; e por indução, partindo de nossas inspirações particulares dos detalhes. Às vezes, é necessário destruir as confusões e obstáculos sem piedade; outras vezes, precisamos massagear o problema com toda a delicadeza, paciência e constância. Às vezes, somos nós que precisamos receber um golpe na cabeça ou uma suave massagem. Às vezes, as peças que mais amamos são exatamente as que acabam sendo eliminadas. Talvez sejam as primeiras imagens sobre as quais construímos o todo; mas, quando o edifício está pronto, os andaimes precisam vir abaixo.

Ao manipular e massagear a forma, criamos uma empatia mágica com as entranhas espirituais de nossa obra. Podemos escrever um poema numa forma tradicional, como um soneto ou um *haiku*; ou inventar uma forma, que poderá ser usada apenas uma vez, num único poema, ou desenvolvida por toda a vida como um estilo pessoal. Podemos optar pelo verso livre, que implica ausência de forma, mas também aí trata-se de um jogo de regras definidas, em que o poeta entra conscientemente e que acarreta suas próprias responsabilidades. "Para viver fora da lei", canta Bob Dylan, "é preciso ser honesto."[33]

103

Assim que emerge o primeiro esboço de um poema, o poeta entra num jogo de quebra-cabeça, jogando com as quebras de linha, com a colocação das sílabas átonas e tônicas. Surgem às vezes versos que parecem adoráveis, perfeitos — mas que não se ajustam ao ritmo e à forma do que já havia antes. Esse processo de revisão, de esgotar, reformar, quebrar e alongar as frases até que elas resultem num todo perfeito, pode parecer uma tirania da forma. Mas na verdade é o oposto. À medida que a forma vai refinando o sentimento, o poema torna-se cada vez melhor, cada vez mais fiel ao sentimento inominável que é a sua fonte original. Este é um dos mais maravilhosos aspectos do fazer artístico. Chega um momento em que tudo se encaixa na forma — quase se pode ouvir o clique —, em que sentimento e forma entram em perfeita harmonia. O impacto desse processo aparentemente abstrato é imediato e fisiológico. Para mim, as lágrimas brotam, sinto uma enorme onda de energia e, quando saio do estúdio, descubro que estou literalmente flutuando.

Por que essa onda de emoção? Creio que são lágrimas de *reconhecimento*; na luta para fazer com que um novo sentimento e uma nova forma se encaixem, descubro que pus a nu um sentimento muito antigo, algo que sempre esteve comigo, mas que nunca tinha vindo à tona. Ajustar a forma ao sentimento, redizer e retrabalhar o poema muitas vezes, evoca aspectos do sentimento em que eu jamais teria pensado se o tivesse expressado sem nenhuma forma. Quando tudo ocupa o seu devido lugar, nesses momentos em que as lágrimas brotam, o que sinto não é simplesmente a satisfação de uma conquista, mas uma percepção concreta de que o mundo é uno e estou conectado a ele. É um choque de reconhecimento, reconhecimento de que durante toda a vida carreguei comigo um sentimento, uma forma que sempre soube que estava ali — reconhecimento de algo que é muito antigo em mim.

104

Obstáculos e Aberturas

O Fim da Infância

O artista, o poeta e o santo devem combater os deuses reais (o oposto de ideais) de nossa sociedade — o deus do conformismo, da apatia, do sucesso material e da exploração. São "ídolos" de nossa sociedade venerados por multidões.

ROLLO MAY

Conheci uma criança que aos quatro anos sabia desenhar árvores extraordinariamente vibrantes e imaginativas. Para isso, qualquer material servia: *crayon*, giz, lápis de cor. Eram árvores notáveis pela clareza com que revelavam os lóbulos bulbosos e a ramificação de veios de cada folha, numa espécie de cubismo e numa visão abrangente que teria encantado Picasso. Uma meticulosa observação das árvores verdadeiras e uma certa ousadia característica de uma criança de quatro anos se combinavam para a criação dessas surpreendentes obras de arte.

Por volta dos seis anos, depois de um ano na pré-escola, ela passou a desenhar árvores-pirulitos iguaizinhas às das outras crianças. Uma árvore-pirulito consiste numa única bolha verde, representando toda a massa de folhas sem qualquer detalhe, espetada num cabo marrom que representa o caule — um lugar em que um pássaro de verdade jamais poderia viver.

Outra criança, uma menina de oito anos, me contou, indignada, que sua professora da terceira série havia dito que os números negativos não existem. A classe estava fazendo contas de subtrair quando um garoto perguntou: "Quanto é 3 menos 5?". A professora insistiu que não existia tal coisa. A menina interferiu: "Mas todo mundo sabe que é menos 2!". A professora retrucou: "Vocês estão na terceira série e não devem saber essas coisas!".

Então perguntei à garota: "O que é um número negativo pra você?". Sem qualquer hesitação, ela respondeu: "É como olhar meu reflexo num lago. Quanto mais eu vou pra cima, mais ele vai pra baixo". Isto é a mente original em ação, a forma mais pura de zen. Essa voz clara e profunda está latente em nós desde a mais tenra infância, mas apenas latente. As aventuras, dificuldades e até mesmo os sofrimentos inerentes ao crescimento podem desenvolver e expandir essa voz, mas geralmente a sufocam. Ela pode ser desenvolvida ou atrofiada, estimulada ou inibida, dependendo da maneira como somos criados e educados na vida.[34] Como a maioria de nossas instituições se apóia na fantasia lockeana de que um ser recém-nascido é uma *tabula rasa* sobre a qual o conhecimento é construído como uma pirâmide, tendemos a apagar em nossas crianças esse conhecimento que vem de cima para baixo e substituí-lo por um conhecimento simplista de baixo para cima. Quanto mais crescemos, mais esquecemos as raízes — disse E. E. Cummings num poema.[35]

A escola pode alimentar a criatividade das crianças, mas também pode destruí-la — e quase sempre é isso que acontece. Idealmente, as escolas existem para preservar e recriar o aprendizado e as artes, para dar às crianças as ferramentas com que construir o futuro. Mas quase sempre criam adultos medíocres e nivelados para suprir o mercado de trabalho com trabalhadores, dirigentes e consumidores.

A criança que fomos e ainda somos aprende explorando e experimentando, bisbilhotando constantemente em todos os cantos — inclusive nos cantos proibidos! Mas, mais cedo ou mais tarde, nossas asas são cortadas. O mundo real criado pelos adultos acaba se abatendo sobre as crianças, moldando-as gradualmente até transformá-las nos cidadãos que a sociedade espera que elas sejam. Esse processo involutivo é reforçado durante todo o nosso ciclo de vida, do jardim-de-infância à universidade, na vida social e política e, especialmente, no campo profissional. Nossas mais modernas e poderosas instituições educacionais, a televisão e a música pop, são ainda mais eficientes do que a escola na inculcação de uma conformidade de massa. As pessoas são criadas como uma espécie de alimento para ser engolido pelo sistema. Lentamente, nossa visão começa a se estreitar. E então a simplicidade, a inteligência, o poder da mente que brinca se pasteurizam na complexidade, na conformidade e na fraqueza.

Precisamos perceber que cada segmento de nossa cultura é uma escola; a cada momento somos colocados frente à afirmação de uma realidade e à negação de outras.

A educação, o mundo dos negócios, a mídia, a política e, acima de tudo, a família, instituições que deveriam ser instrumentos da expansão da expressividade humana, se combinam para induzir ao conformismo, para manter as coisas no nível da mediocridade. A mesma coisa fazem nossos hábitos cotidianos. A realidade tal como a conhecemos é condicionada por suposições tácitas que acabamos considerando indiscutíveis depois de inúmeras experiências sutis de aprendizado na vida diária. É por isso que a percepção criativa nos parece extraordinária ou especial, quando na verdade a criatividade é só uma questão de enxergar por trás dessas suposições tácitas o que está diante do nosso nariz. Conta-se que, durante uma viagem de trem, um passageiro francês, sabendo que seu vizinho de banco era Pablo Picasso, começou a resmungar e a reclamar contra a arte moderna, acusando-a de não ser uma fiel representação da realidade. Picasso quis saber o que era uma representação fiel da realidade. O homem tirou uma foto da carteira e disse: "Isto! Isto é uma imagem real — é assim que minha mulher realmente é". Depois de examinar a foto de todos os ângulos, virando-a de um lado para outro, Picasso respondeu: "Mas ela é terrivelmente pequena. E chata".

É comum a confusão entre educação e treinamento, que são de fato atividades muito diferentes. O objetivo do treinamento é passar uma informação específica necessária ao desempenho de uma atividade especializada. Educação é a construção da pessoa. "Educar" vem da mesma raiz de "eduzir", que significa extrair ou evocar aquilo que está latente. Educar é portanto extrair da pessoa as capacidades latentes para compreender e viver, e não encher uma pessoa (passiva) de um conhecimento preconcebido. A educação nasce de um íntimo relacionamento entre a diversão e a exploração. Precisa haver permissão para explorar e se expressar. Precisa haver uma afirmação do espírito exploratório, que por definição nos permite escapar do testado e aprovado, e da homogeneidade.

A conformidade que nos é ensinada na grande escola da vida assemelha-se ao que os biólogos chamam de monocultura. Se caminharmos por uma mata virgem, veremos dezenas de diferentes espécies de plantas por metro quadrado, assim como uma rica variedade de animais. As leis da natureza determinam que mudanças de clima e de ambiente produzam a variedade da vida vegetal e animal. Mas se andarmos por um campo cultivado, veremos apenas uma ou umas poucas espécies. Os animais domésticos e plantas cultivadas são geneticamente uniformes porque são criados com um propósito. A di-

109

versidade e a flexibilidade surgem do intercâmbio entre um máximo de variáveis que servem ao nosso propósito. Mas, sem essas condições, uma espécie fica presa num estreito leque de variáveis. A monocultura conduz invariavelmente à perda de opções, que por sua vez gera instabilidade. A monocultura é o anátema do aprendizado. O espírito exploratório floresce na variedade e na livre expressão — mas muitas de nossas instituições conseguem destruí-lo colocando-o em compartimentos estanques. Tendem a dividir o aprendizado em especializações e departamentos. Uma certa dose de especialização é necessária ao desempenho de uma grande tarefa, ou de qualquer campo amplo do conhecimento. Mas as barreiras que interpomos entre as várias especialidades tendem a crescer excessivamente. As profissões adquirem uma massa inerte que destrói tudo o que elas tocam. Estamos diante de uma proliferação de disciplinas e -logias que atuam primordialmente para proteger seu próprio campo profissional. Fragmentamos o aprendizado em detrimento da riqueza e da flexibilidade que deviam ser inerentes a um corpo vivo do conhecimento.

Uma das muitas armadilhas no campo da criatividade é que não se pode expressar a inspiração sem técnica; mas, se estamos encurralados no profissionalismo da técnica, não conseguimos nos entregar ao ocasional, ao acidente, que é essencial à inspiração. Passamos a dar ênfase ao produto, em detrimento do processo. Às vezes um artista tem uma técnica estupenda, é capaz de encantar as platéias com um deslumbrante virtuosismo e no entanto... falta alguma coisa. Todos nós, num ou noutro momento de nossas vidas, já tivemos a oportunidade de ouvir um concerto tecnicamente perfeito no qual esse algo misterioso não estava presente. O brilho superficial provoca uma reação automática ("Uau!") — é como conhecer uma pessoa belíssima do sexo oposto que acaba se revelando sem cérebro ou sem coração. Ela provoca instintivamente em nós esse "Uau!", embora uma observação mais cuidadosa revele que não havia ali grande motivo de admiração.

Por outro lado, a maioria de nós também já teve oportunidade de ouvir uma interpretação sem qualquer sofisticação, uma canção infantil ou a apresentação de um músico de rua que nos comoveu até as lágrimas e nos deixou imobilizados por um sentimento palpável de admiração. Há algo de divino nessas interpretações raras e especiais, algo que não pode ser buscado intencionalmente. "Como um deus!" significa que o ouvinte sente que está diante do puro poder criativo, da força primal de que somos feitos. É isso que um deus faz: criar. Ele nos leva de volta às origens, como fez Einstein ao retornar a questões tão infantis como espaço e tempo e ao olhar para elas de uma maneira nova:

110

Um adulto normal nunca ocupa sua cabeça com problemas como tempo e espaço. Na sua opinião, tudo o que havia a aprender sobre esse assunto foi aprendido na infância. Eu, ao contrário, me desenvolvi tão lentamente que só comecei a me questionar sobre tempo e espaço quando já era adulto.[36]

O profissionalismo da técnica e os lampejos de agilidade são mais comuns e mais almejados que a pura força criativa, uma vez que nossa sociedade valoriza mais o virtuose do que o criador original. É relativamente muito mais fácil julgar e avaliar a técnica do que o conteúdo espiritual e emocional. Estes são intuídos diretamente, de uma maneira sutil, e em geral só se tornam evidentes para o mundo depois de um tempo considerável.

A pior composição escrita por Beethoven, a pomposa e maçante *Vitória de Wellington* (também conhecida como *Sinfonia de batalha*), foi sua obra mais popular durante sua vida. Os *Concertos de Brandenburgo*, hoje considerada uma das obras musicais mais admiradas de todos os tempos, foram enviados por Bach ao príncipe de Brandenburgo como material de apresentação para um emprego. Bach não conseguiu o cargo. A estréia da *Carmen* só ocorreu um ano antes da morte de Bizet. Nessa época, a ópera foi um fracasso, condenada por muitos pela falta de uma melodia acessível.

Logicamente, há exceções a essas ironias. Alguns artistas têm a sorte de criar obras revolucionárias e originais e ainda assim estarem em perfeita sintonia com sua época.

Nem sempre é verdade que livros, músicas, filmes ou programas de tevê que vendem muito sejam puro lixo ou bobagem, mas freqüentemente é isso o que acontece. Os artistas que desejam e precisam vender seu trabalho vivem atormentados por dois fantasmas: um que sussurra ameaçadoramente ao seu ouvido direito: "É bom o suficiente?", enquanto o outro sussurra ameaçadoramente ao seu ouvido esquerdo: "É suficientemente comercial?". Essa tensão reflete os valores de uma sociedade que valoriza mais o produto do que o processo. O que se deseja é a coisa certa, a segurança de se estar adquirindo um produto cujo valor tenha sido ratificado por uma autoridade no assunto. Nada disso pode ser especificado *a priori* quando estamos lidando com a pura criatividade.

Bloqueamos a criatividade quando a rotulamos como incomum, extraordinária, quando a segregamos em campos especializados como o da arte e da ciência. E a segregamos ainda mais quando criamos um sistema de estrelismo. O valor de uma obra não depende da sua qualidade, mas da fama do artista. Em 1988, dois quadros de Van Gogh, que não conseguiu vender uma só obra em toda a sua vida, foram adquiridos por 50 milhões de dólares cada um. Se um artista se torna um astro — ou, melhor ainda, um astro morto —, transforma-se num produto de mercado. Se ele muda e se desenvolve com o passar dos anos, como é natural em qualquer pessoa criativa, essa mudança é acolhida com protestos dos *marchands*. Às vezes um artista (ou professor, ou cientista, ou guru espiritual) apresenta algo extraordinário, se torna famoso e então seus dons ou seus talentos se congelam ou se pervertem.

O trabalho criativo que comporta riscos e crescimento é desvalorizado, tratado como uma atividade supérflua ou extracurricular, um ornamento ou uma fuga da rotina da vida diária. O artista tem poucos mecanismos disponíveis para construir uma obra capaz de sustentar uma vida digna. "Chega-se à conclusão", diz Virginia Woolf,

> pela enorme literatura moderna de confissão e auto-análise, de que escrever uma obra de gênio é quase sempre uma façanha de prodigiosa dificuldade. Tudo está contra a probabilidade de que ela brote da mente do escritor total e íntegra. Geralmente, as circunstâncias materiais estão contra ela. Os cães vão ladrar; as pessoas vão interromper; o dinheiro vai faltar; a saúde vai se arruinar. Além disso, o que acentua todas essas dificuldades e as torna mais difíceis de suportar é a notória indiferença do mundo. O mundo não pede às pessoas que escrevam poemas, romances ou contos; ele não precisa disso. O mundo não se importa se Flaubert encontra a palavra certa ou se Carlyle verifica escrupulosamente este ou aquele fato. Naturalmente, o mundo também não vai pagar pelo que não deseja. E assim o escritor, Keats, Flaubert, Carlyle, sofre, principalmente nos anos criativos da juventude, todo o tipo de perturbação e desencorajamento. Uma maldição, um grito de agonia, brota desses livros de análise ou confissão. 'Grandes poetas em sua morte miserável' — este é o estribilho do seu canto. Se, apesar de tudo isso, alguma coisa vem à luz, é por milagre, e provavelmente nenhum livro nasce inteiro, sem mutilações, como foi concebido.[37]

É como se nossas instituições tivessem estabelecido um amplo acordo para nos forçar a comprimir nossas vidas dentro de um molde rígido e limitado. Abafamos, negamos, racionalizamos, esquecemos as mensagens da Musa porque nos disseram que a voz do conhecimento interior não é real. Quando tememos o poder da força vital, ficamos presos no ciclo rotineiro e embotado das reações convencionais. "Alguma coisa está faltando!" O estado congelado de apatia, de conformismo e de confusão é a norma, mas não deve ser aceito como normal. Todo mundo tem cáries ou resfriados, mas isso não faz deles coisas normais ou desejáveis. Uma vida criativa, ou a vida de um criador, só parece um salto no desconhecido porque a "vida normal" é rígida e traumática.

Basta dar uma olhada à nossa volta e veremos os inúmeros fatores que minam a possibilidade de uma vida criativa. Mas eu acredito

que toda cultura tem suas próprias defesas contra a criatividade. Às vezes idealizamos ou romantizamos alguma outra época ou algum outro lugar em que a vida criativa parecia mais integrada à estrutura da vida como um todo. Conheci artistas que desejavam ter nascido na Renascença; mas, na Renascença, os artistas se viam como descendentes degenerados da Grécia antiga; e os gregos se viam como descendentes degenerados de uma remota Idade do Ouro (provavelmente cretense); e assim por diante.

Aaron Copland fez um interessante comentário que nos mostra o que significava ser um compositor na América do início deste século. A arte, a música e a literatura eram tratadas, então como hoje, como atividades supérfluas. A música erudita só era apreciada por uma parcela mínima da sociedade, e esses só queriam ouvir os mestres europeus, não a música americana ou a música de vanguarda; e as platéias, então como hoje, acreditavam que para ser bom um compositor precisava estar morto. Isso era ainda mais verdadeiro nos anos 20, quando Copland desenvolveu sua arte. Mas, em vez de se queixar, ele nos diz: "O divertimento da luta contra os filisteus musicais, as saídas e estratégias, as acaloradas discussões com os críticos estúpidos, explicam em parte a excitação especial daquele período".[38] É uma atitude que transforma a ignorância e a estupidez do mundo numa oportunidade para um jogo. O comentário de Copland indica que, não importa o que encontre no mundo, se uma pessoa criativa tem senso de humor, estilo e uma certa dose de tenacidade, encontrará um meio de fazer o que quer apesar dos obstáculos. (Uma independência financeira também ajuda.)

Mas ainda não chegamos ao cerne da questão. Até aqui, falamos como se existisse algo chamado "sociedade", que se defende contra a criatividade com todos os meios que mencionamos acima: educação, especialização, medo do novo, medo da força criativa pura. Mas isso que chamamos sociedade, instituições, escolas, mídia e tudo o mais não existe. O que existe são apenas pessoas que dão o melhor de sua imperfeição para a realização de suas imperfeitas tarefas. O cerne da questão é que, por mais que possamos reestruturar a sociedade, por mais recursos que um regime esclarecido possa destinar ao desenvolvimento da criatividade, das artes, das ciências, de uma educação livre e dedicada a uma profunda exploração da mente, do espírito e do coração, continuaremos no mesmo impasse. Existe algo chamado crescimento, que nos acontece não importa quais sejam as circunstâncias de nossa vida. Todos nós temos que aprender o que significa ser traído pela primeira vez, e pela segunda, e pela terceira, até que perdemos os últimos resquícios de inocência e saltamos para a experiência. Chegamos a um ponto — ou melhor, uma longa série de pontos — em que nossa inocência e o jogo livre da imaginação e do desejo colidem com a realidade, com os limites entre o real e o imaginário, entre o possível e o impossível.

Tudo o que dissemos até aqui não deve ser entendido meramente como uma acusação às instituições educacionais, à mídia ou a outros fatores sociais. Podemos — e devemos — reestruturar muitos aspectos da sociedade de uma maneira mais holística, mas ainda assim a arte não será fácil. A verdade é que não podemos evitar o fim da infância; o jogo livre da imaginação cria ilusões, que se chocam com a realidade e se tornam desilusões. Perder a ilusão é uma coisa boa, é a essência do aprendizado, mas machuca. Se você imagina que poderia ter evitado o desencanto do fim da infância se tivesse tido algumas vantagens — uma educação mais esclarecida, mais dinheiro ou outros bens materiais, um grande mestre —, converse com alguém que teve essa sorte e verá que a desilusão foi a mesma, porque os bloqueios fundamentais não são exteriores, mas parte de nós, parte da vida. Além disso, os deliciosos desenhos de árvores infantis mencionados no início deste capítulo provavelmente não seriam arte se tivessem saído das mãos de um adulto. A diferença entre os desenhos de uma criança e os desenhos pueris de um Picasso reside não apenas no impecável domínio do traço, mas no fato de Picasso ser um homem adulto, que passou por uma dura experiência e a transcendeu.

Círculos Viciosos

*Às vezes, quando descubro que não escrevi uma
única frase depois de ter rabiscado páginas e páginas,
me jogo na cama e fico ali, aturdido, atolado
num pântano de desespero, me odiando e me culpando
por esse orgulho louco que me faz choramingar por
uma quimera. Um quarto de hora depois, tudo
mudou; meu coração está cheio de júbilo.*

GUSTAVE FLAUBERT

Ambos os processos criativos, o da livre expressão e o da prática intensa, podem sair dos trilhos. Podem cair no vício ou na procrastinação, na obsessão ou na obstrução, tirando-nos do nosso fluxo natural de atividade e deixando-nos num estado de confusão e de dúvida. O vício é um apego excessivo e compulsivo; a procrastinação é uma protelação excessiva e compulsiva.

Vício é qualquer dependência que se perpetua e se cataliza num ritmo cada vez mais acelerado. É responsável por grande parte do sofrimento que infligimos a nós mesmos e aos outros. Podemos nos viciar em drogas, num estilo de vida, na afeição por uma pessoa, no conhecimento, em ter cada vez mais armas, em atingir um PIB cada vez maior — e até em dogmas ultrapassados, responsáveis por muitos dos massacres que ainda hoje assolam o mundo. Há o vício do sucesso e o vício do fracasso. As frustrações que sofremos na vida também podem provocar o apego a uma idéia fixa, a um pensamento obsessivo que nos persegue e nos consome.

O artista pode ficar viciado numa idéia, preso ao conceito que tem de si mesmo, à sua visão particular de como o trabalho deve se desenvolver ou do que o público pode querer.

Hábitos normais e saudáveis podem assumir uma forma compulsiva. O exercício físico ou a prática de um instrumento musical, por exemplo, embora benéficos e positivos, podem se tornar um vício. Existe uma linha divisória muito tênue entre o patológico e o criativo, entre o vício e a prática saudável. Qual é realmente a diferença entre "Só vou tomar mais um drinque" e "Só vou tentar mais uma vez essa fuga de Bach"? O vício consome energia e leva à escravidão. A prática equilibrada gera energia e conduz à liberdade. Na prática, a obsessão é descobrir cada vez mais coisas, como no Jogo das Vinte Perguntas. No vício, é evitar descobrir alguma coisa ou enfrentar algo desagradável. Na prática, a ação se torna cada vez mais expansiva; estamos desenredando um novelo em busca de novas implicações e conexões. No vício, nos enredamos na mesmice, na monotonia e na imbecilidade.

Um hábito se torna vício quando esse misterioso fator de aceleração está presente, quando nada satisfaz e aquilo que ontem bastava hoje já não é suficiente. Um hábito se torna vício quando há uma inversão entre esforço e recompensa. Samuel Butler dizia que, se a ressaca precedesse a bebedeira, as escolas místicas a estariam ensinando como uma disciplina para a auto-realização. Portanto, a prática é o inverso do vício. É um fluxo sempre novo e desafiador de trabalho e diversão em que continuamente testamos e demolimos nossas ilusões; logo, é às vezes um processo doloroso.

Vício é o que os programadores de computação chamam de *doloop*. Qualquer ser que se auto-regula, um animal, uma pessoa ou um ecossistema, passa muito tempo desempenhando rotinas repetitivas. Dentro da estrutura dessas rotinas existem condições finais ou pontos de fuga. Continuamos desempenhando uma determinada rotina até que a condição final indique que o trabalho foi completado. Quando enchemos uma xícara de chá, observamos se ocorre a seguinte condição: "A xícara está cheia?". Essa condição põe fim à ação de encher a xícara. Quando comemos, esperamos que determinados sinais (o peso no estômago, o açúcar no sangue etc.) nos enviem a mensagem de que estamos satisfeitos. Normalmente, paramos nesse ponto. Mas pode ocorrer que a condição final seja omitida, esteja fora de lugar, ou os sinais estejam confusos, de modo que a rotina é levada adiante indefinidamente, compulsivamente, até que todo tipo de desordens, explosões ou rupturas levam o sistema a uma pane total.

Se o vício é uma espécie de circuito fechado do qual não existe saída, a protelação é uma fuga contínua. Presos no circuito fechado do vício, acreditamos que "Quanto mais, melhor". Sob tensão, essa idéia pode nos conduzir a uma fuga explosiva, como um excesso de bebida ou comida, uma explosão demográfica, uma corrida armamentista. Na protelação acreditamos que "Quanto menos, mais seguro", o que, sob tensão, pode nos levar a um ciclo de compressão, ou bloqueio, como um espasmo muscular, a impotência sexual a depressão, a catatonia. Nesse tipo de círculo vicioso, a condição de fuga se apresenta continuamente, nunca nos permitindo manter a atividade. Esse estado dá lugar à protelação e a todos os vícios invertidos: o vício de não fazer, os bloqueios, as aversões.

A protelação é a imagem invertida do vício; ambos são disfunções de auto-regulação. Como seres vivos, nos regulamos e nos equilibramos naturalmente, mas no vício a consciência está presente, assim como suas funções auxiliares: o orgulho, a percepção seletiva, o pensamento linear e a conservação do ego. A profunda diferença entre essas duas tendências nos envolve em certas contradições e dificuldades. Pense no que acontece quando você está pilotando um carro. O sistema mãos-cérebro (o piloto) e o sistema olhos-cérebro (o navegador) estão engajados num contínuo diálogo que se desenrola mais ou menos assim: "Estamos 2 para a esquerda fora do rumo." "Desvie para a direita." "Saímos 1,3 para a direita." "Desvie para a esquerda." "Saímos 1,5 para a esquerda." "Desvie para a direita". Se o carro perde ligeiramente o rumo num determinado momento, você o traz de volta para o caminho certo. O mesmo ocorre com o termostato doméstico, que não mantém a sala numa temperatura exata, mas funciona num vibrato contínuo em torno da temperatura desejada. É assim também que funciona o termostato cardiovascular que regula a temperatura do corpo, bem como todas as outras funções de equilíbrio homeostático, que mantêm nossos níveis de açúcar no sangue, de água, de sono etc. num estado dinâmico de saúde. É uma dança contínua de autocorreção através dos erros.

Num sistema de controle saudável, tentativa e erro mantêm um relacionamento fácil e fluente, e nós nos corrigimos sem pensar. A maioria dos atos auto-reguladores do corpo são inconscientes, pela simples razão de que os contínuos julgamentos de valor devem ocorrer sem demora, sem interferência e sem os entraves do ego. Mesmo uma atividade complexa e altamente voluntária como dirigir um carro é em geral desempenhada inconscientemente, sem pensar. No entanto, nossa atenção está monitorando milhares de atos e condições por minuto. Mas se pilotar um carro fosse como alguns dos nossos processos mais conscientes, o diálogo interior entre a mão e o olho poderia ser muito diferente: "Saímos 2 para a esquerda." "OK, vou corrigir." "Saímos 1,3 para a direita." "Tá bom, já ouvi!" "Saímos 1,5 para a esquerda." "Saco, pára de me dizer o que fazer!".

O elemento extra que a consciência coloca nesse diálogo é a fixação do ego a um ou outro lado. O ego quer ter razão, mas na dinâmica da vida e da arte nunca temos razão, estamos sempre mudando e percorrendo ciclos. Esse apego a um pólo de um ciclo dinâmico é responsável por emoções aflitivas: raiva, orgulho, inveja. Se um dos pólos exerce uma atração excessiva sobre nós, não conseguimos

119

manter o rumo, porque não temos centro. Isso é particularmente verdade quando a fixação se origina de impulsos inconscientes ou questões irresolvidas de nossa vida pessoal. É por isso que o sexo na propaganda é tão eficiente — ele alimenta fixações e desejos que são parte de nossa constituição inata.

Por outro lado, se num dos pólos reside algo que tememos, ficamos girando em círculos, o que prolonga o medo indefinidamente. Se estou obcecado por uma idéia ou por uma dor, a única maneira de escapar dela é ir direto à origem da dor e descobrir que informação está lutando desesperadamente para se expressar.

Outra variante da metáfora da pilotagem ocorre quando o ego oscila de um lado para o outro na mesma trilha. Então somos levados por ondas de indecisão. "Saímos 2 para a esquerda." "Eu quero ir para a esquerda." "Saímos 1,3 para a direita." "Mas eu quero ir para a direita". Isso nos leva a uma outra forma de protelação — a uma inquietação nervosa e a atividades que desperdiçam energia e nos impedem de seguir a direção escolhida.

Há pessoas que acham mais fácil tocar violino ou ganhar um milhão de dólares do que se sentar tranqüilamente durante meia hora.

A inquietação nervosa e a impaciência são sintomas do medo do vazio, que tentamos preencher de qualquer maneira. Fomos ensinados a buscar o divertimento fácil, a desejar ardentemente o efêmero. Indústrias que manipulam bilhões de dólares — a televisão, a indústria de bebidas, de cigarros e de remédios — vivem desse medo do vazio. Elas dão a nossos olhos e a nosso cérebro a oportunidade de se agitar e esquecer. O ritmo cada vez mais nervoso e agitado da sociedade encurta cada vez mais os períodos de concentração — o que cria um outro círculo vicioso.

Assim como a fluência livre e prazerosa na execução ao violino é impedida por contrações involuntárias dos músculos voluntários, espasmos que duram décimos de segundo, o livre fluxo da vida diária é impedido por atividades compulsivas de curto prazo, pequenos movimentos que desperdiçam energia, sintomas físicos de nervosismo e indecisão, como o cruzar e descruzar das pernas, mudanças constantes de postura, movimentos dos lábios. Essa inquietação pode ocorrer por alguns minutos, durante os quais mudamos de opinião — é como dar um cavalo-de-pau ou dirigir o carro em círculos —, ou pode assumir a forma de uma atividade de longo prazo, como um emprego ou um casamento que não se adapta à nossa natureza.

Por baixo da protelação ou da inquietação está a dúvida. A cada impulso que temos, a dúvida coloca um texto sobrescrito: "Mas, por outro lado, pode não ser isso". Então nos vemos atormentados a cada decisão, sempre mudando de rumo, refazendo nossos passos vezes sem conta.

120

A consciência pode interferir no sistema natural de autodirecionamento não só com o orgulho, mas também com o desespero. Pode ser profundamente deprimente perceber que se está fora do rumo o tempo todo. A dúvida abala o equilíbrio automático que torna a vida possível. Blake disse: "Se o sol e a lua duvidassem, imediatamente se apagariam!".[39] Eis aí outra variante da metáfora do piloto-navegador: "Saímos 2 para a esquerda." "Oh, sinto muito!" "Saímos 1,3 para a direita." "Oh, sou um inútil!" "Saímos 1,5 para a esquerda." "Oh, meu Deus, vou me matar!". Apesar do humor da cena, podemos perceber nela sofrimentos verdadeiros e, às vezes, o verdadeiro suicídio de muitos artistas.

Resumindo a metáfora, podemos dizer que essa inevitável oscilação pode ser vivenciada em diferentes estados mentais: numa prática autopunitiva; no vício (apego compulsivo a um lado da escala) ou na protelação (evitação compulsiva de um lado da escala); na volubilidade dos desejos (apego voraz a cada estado passageiro, ou agitação nervosa); na raiva (ressentimento contra as mudanças); no suicídio espiritual ou real (dúvida).

O fundamental é que o círculo vicioso é por definição um circuito do qual não existe uma saída lógica. Não importa para que lado nos voltemos, estamos presos num circuito fechado de fazer ou não fazer, de ser ou ver de uma determinada maneira, de modo que nossas opções vão se estreitando até desaparecer. Não há saída lógica; mas, felizmente, existem algumas saídas não-lógicas. Antes de examiná-las, precisamos entender o sentimento que sustenta o círculo vicioso: o medo.

121

O Fantasma da Crítica

Each man is in his spectre's power
Until the arrival of that hour
When his Humanity awake
And cast his spectre into the lake.

WILLIAM BLAKE

Quando o processo criativo entra em pane, sentimos uma insuportável sensação de aprisionamento, que é a antítese daquele estado de espírito alerta e brilhante a que nos referimos como "desaparecer". Em vez de experimentar uma concentração relaxada e energética, nos atiramos avidamente sobre qualquer coisa que nos distraia, por mais trivial ou ridícula que seja; nos cansamos facilmente; quando olhamos para trás, nada no nosso trabalho nos agrada; nossas pálpebras pesam, nosso olhar se embaça, as células de nosso cérebro parecem paralisadas.

A pessoa criativa pode ser vista como a incorporação ou a expressão de duas personagens interiores: a musa e o revisor. São o piloto e o navegador do capítulo anterior vistos sob um ângulo diferente. A musa propõe e o revisor dispõe. O revisor critica, dá forma e organiza o material bruto gerado no livre jogo da musa. Mas se o revisor preceder a musa em vez de segui-la, teremos problemas. Se o artista julga seu trabalho antes que haja algo a julgar, ocorre um bloqueio ou uma paralisia. A musa é criticada antes mesmo de se manifestar.

Se o artista perde o controle, a crítica interior assume o papel de um pai severo e punitivo. Trata-se de um fantasma inibidor que ceifa a vida de muitos artistas, uma força invisível, judiciosa, opressora que parece se interpor em nosso caminho.

Assim que brota de sua fonte misteriosa, a obra de arte se torna objetiva, algo que se pode ouvir, avaliar, explorar. Em arte, estamos continuamente julgando nosso trabalho, acompanhando continuamente as configurações que criamos e deixando que nossas críticas realimentem esse contínuo desenvolvimento. A música é auto-controladora, auto-reguladora e autocrítica. É assim que criamos arte e não o caos; é assim que a evolução gera um organismo e não uma junção aleatória de átomos de carbono, nitrogênio, oxigênio, hidrogênio, sódio, enxofre etc.

Mas existem dois tipos de crítica: a construtiva e a obstrutiva. A crítica construtiva ocorre paralelamente no tempo da criação, na forma de um *feedback* contínuo, uma espécie de trilho paralelo consciente que facilita a ação. A crítica obstrutiva atua perpendicularmente à linha de ação, interpondo-se antes (bloqueio) ou depois (rejeição ou indiferença) da criação. A habilidade de uma pessoa criativa está em ser capaz de perceber a diferença entre os dois tipos de crítica e cultivar a crítica construtiva.

Isso significa perceber a diferença entre dois tipos de tempo. O contínuo relacionamento entre a crítica construtiva e o trabalho criativo oscila numa velocidade mais rápida que a da luz: ocorre no não-tempo (eternidade). Os dois parceiros, musa e revisor, estão sempre em sincronia, como um par de bailarinos que se conhecem há muito tempo.

Quando a crítica é obstrutiva, e se interpõe perpendicularmente ao fluxo de nosso trabalho em vez de correr paralela a ele, nossa visão de tempo se fragmenta em segmentos, e cada segmento é um possível ponto de parada, uma oportunidade para que a confusão ou a dúvida entrem em cena sorrateiramente. Apreciar ou rejeitar nosso trabalho por mais do que um minuto pode ser perigoso. A voz do fantasma julgador logo pergunta: "É bom o suficiente?". Mesmo que tenhamos criado algo realmente estupendo, mais cedo ou mais tarde vamos ter que repetir o desempenho, e o juiz interior voltará a se manifestar: "Dificilmente vai sair melhor do que da última vez". Portanto, até um grande talento pode ser um fator de bloqueio da criatividade. Tanto o sucesso quanto o fracasso podem detonar essa voz interior.

A maneira mais fácil de fazer arte é renunciar a qualquer expectativa de sucesso ou fracasso e simplesmente ir em frente.

Como escreveu Seng-Tsan no século VIII: "O Caminho (o Grande Tao) não é difícil, basta evitar a seleção".[40] Em outras palavras, basta evitar parar a todo momento para fazer uma opção e escolher cuidadosamente um caminho. Mas, como sempre, a teoria na prática é outra. Vivemos assaltados pelas pressões do desejo, da aversão, da vacilação e de todas as emoções aflitivas que os acompanham. As emoções aflitivas incluem a inveja, a raiva, a cobiça e a presunção, mas sua raiz — como a raiz do vício, da protelação e de outras formas de bloqueio — é o medo.

124

Os budistas falam dos Cinco Medos que nos assaltam e impedem nossa liberdade: o medo de perder a vida; o medo de perder os meios de sobrevivência; o medo de perder a reputação; o medo dos estados alterados de consciência e o medo de falar em público. O medo de falar em público parece um tanto idiota comparado com os outros, mas, para os propósitos da livre expressão criativa, é fundamental. Podemos lhe dar vários nomes: "medo de dizer o que pensa", "medo do palco", "bloqueio da escrita" e outros nossos velhos conhecidos. Está profundamente ligado ao medo do ridículo, que tem duas faces: o medo de ser julgado idiota (medo de perder a reputação) e o medo de realmente ser idiota (medo dos estados alterados de consciência).

Vamos acrescentar o medo dos fantasmas. Um dos fatores que bloqueiam a criatividade é a sensação de esmagamento diante de pais, autoridades, professores ou grandes mestres. O afastamento do verdadeiro *self* geralmente nasce da comparação ou da inveja de um ser idealizado (pai, amante, professor, herói). Os gênios ou heróis nos parecem metas inatingíveis. São personalidades tão espetaculares, tão superiores a nós que o melhor é manter a boca fechada. Tememos não só os fantasmas de pais ou professores, mas também dos grandes criadores do passado. Assim como Brahms tinha medo de não conseguir se igualar a Beethoven, um compositor contemporâneo tem medo de não se igualar a Brahms. Brahms levou vinte e dois anos para terminar sua primeira sinfonia porque vivia perseguido pelo fantasma de Beethoven. Em 1874, escreveu ao amigo Herman Levi: "Você não imagina o que é se sentir perseguido por esse gigante!". É ótimo se sentar no ombro de um gigante, mas jamais permita que um gigante se sente no seu ombro. Não haverá espaço para ele balançar as pernas. É assim que nasce o perfeccionismo e sua horrível irmã gêmea, a protelação. Queremos fazer tudo, ter tudo, ser tudo. O perfeccionismo é uma prisão pior do que outras formas de bloqueio. Ele nos coloca face a face com o nosso monstro julgador, e, como provavelmente não podemos vencê-lo, nos refugiamos, apavorados, na protelação. Criamos um antídoto improdutivo para essa inveja: fantasias de onipotência ou de sucesso fabuloso ou, no pólo oposto, fantasias de sermos vítimas do destino ou da má sorte.

Outro fantasma é o medo de ser julgado arrogante ou fora do comum. Na escola, nossos colegas nos ensinam que, se nos destacarmos intelectualmente ou artisticamente, estamos condenados ao isolamento. O medo do sucesso pode ser tão forte quanto o medo do fracasso. Os pais muitas vezes alimentam esse medo, encorajando a criança a se destacar, mas apenas dentro de limites aceitáveis. A criança tem medo de se expressar de uma maneira pessoal e original e por isso não ser amada ou aceita. Infelizmente, quase sempre isso não é apenas um medo, mas uma realidade.

Também podemos viver cercados por múltiplos fantasmas de nós mesmos, todas as pessoas que poderíamos ter sido se a vida tivesse tomado um rumo diferente, tudo o que poderíamos ou deveríamos ter feito. Todos nós nos infligimos essa tortura de tempos em tempos. O que pode nos salvar é a compreensão de que a verdadeira criatividade nasce da *bricolage*, de trabalhar qualquer material estranho que nos caia nas mãos, incluindo todo o sortimento de seres excêntricos que nos rodeiam.

Por maior que seja o sucesso alcançado, temos medo de que os outros nos julguem um fracasso. Quando me dedicava à atividade de professor, muitas vezes me vi diante de uma classe lotada de estudantes, cada um deles julgando ser o único a não ter compreendido uma questão e com vergonha de revelar sua ignorância. O medo de parecer tolo e de cometer erros se alimenta do mesmo sentimento primitivo que todos nós aprendemos na infância: a vergonha. Quando, num dado momento, alguém resolvia falar, logo uma segunda pessoa se sentia segura para dizer "Pensei que era a única a me sentir assim". Então, todos os demais acabavam revelando sentimentos semelhantes. Apenas quando todos finalmente se sentiam totalmente à vontade e conscientes do fato de que eram igualmente ignorantes, podiam começar a partilhar o aprendizado com seriedade.

O fantasma da crítica geralmente aparece sob a forma de algum impedimento externo que envolve dinheiro, moda, fatores políticos ou a aparente indiferença do mundo para com a expressão criativa. Mesmo nossos entes queridos podem assumir esse papel. Sentimonos vítimas de circunstâncias

que escapam ao nosso controle, de um destino malévolo, de um rival, de algum mesquinho tirano que entrou em nossas vidas. Nessas ocasiões, a força do prazer e do divertimento parece se extinguir de imediato. O fim da infância é o encontro com a "dura realidade" — esta é a origem de nossos mitos sobre a perda do Paraíso. A dura realidade se apóia no medo da crítica, no medo do fracasso e na frustração: são as defesas sociais contra a criatividade.

Percebemos agora que, até certo ponto, podemos identificar esse fantasma misterioso nos hábitos arraigados que se concretizam no que chamamos ego. Esse fantasma é o que os psicanalistas chamam de introjeção — ou melhor, a soma de todas as introjeções. É a interiorização automática das vozes julgadoras de nossos pais ou de outras pessoas, que nos fazem duvidar se somos suficientemente bons, suficientemente espertos, se temos o tamanho adequado ou a forma correta; e também das vozes que nos dizem quem deveríamos ser e o que gostaríamos de ter. Tanto a esperança quanto o medo são produto do fantasma da crítica. À medida que nos tornamos adultos, certas injunções dessas vozes aferram-se a nós, e assim o "eu" ou pequeno ser vai sendo construído camada por camada. O fantasma está sempre de olho no número 1. Ele se preocupa com a sobrevivência, com a competição e com o orgulho. Os sufis o chamam *Nafs* e afirmam que ele existe dentro de cada um de nós; muitas das práticas sufis visam subjugá-lo e domesticá-lo. Blake chamava o fantasma da crítica de Urizen — de *"your reason"*, sua razão —, a zelosa força racional que não é domada pelo amor, pela imaginação e pelo humor. A principal (e única) arma de Urizen é o medo. Quaisquer que sejam as circunstâncias de nossa vida, esse medo é alimentado internamente, imposto por uma parte de nós a outra parte de nós. O fantasma da crítica personifica esses medos e lhes dá uma face familiar — talvez na forma do pai, do professor, do chefe, do tirano político. É extremamente fácil para nós exteriorizá-lo, coisificá-lo, transformá-lo no Outro ou no Inimigo, procurá-lo fora de nós, em todas as coisas ou pessoas que possam estar nos deprimindo, atravessando nosso caminho. Podemos passar a vida inteira procurando-o fora de nós e culpando tudo e todos pelas frustrações que bloqueiam nossa voz criativa. Sob tais circunstâncias, pode se tornar um fardo insuportável dizer qualquer coisa. Vemo-nos presos pelos nós dos paradoxos, procurando a entidade que está nos bloqueando. É o mesmo que procurar fogo com um fósforo aceso.

Entrega

*Só quando não sabe mais o que está fazendo
é que o pintor faz coisas boas.*

EDGAR DÉGAS

A revelação da intuição, a transformação do inconsciente em consciente, é sempre uma surpresa. Sinto cada dia mais que o melhor de minha música nasce quando o material está se esgotando, quando estou no limite extremo de meus recursos e julgo que é melhor terminar a peça antes de fazer papel de bobo. Então, tateio em busca de uma frase final e termino — mas, não sei como, apesar de minha intenção, o arco se recusa a parar! O acorde ou qualquer que seja a finalização que eu tenha planejado modula uma outra frase e surge do nada uma melodia totalmente nova. Sinto no sangue, nos ossos, nos músculos e no cérebro uma onda inesperada de energia. Ganho um novo fôlego. O tempo se duplica e se triplica; eu desapareço e a música realmente começa a se inventar sozinha. Nesses momentos, meu sentimento é invariavelmente de surpresa: "Como foi que *isso* aconteceu? Eu não sabia que tinha *isso* dentro de mim!". De repente, nós, músicos e ouvintes, nos vemos num outro lugar; a música nos *transportou.*

Gradualmente, à medida que fui acumulando essas experiências, aprendi a renunciar a um certo grau de controle. Comecei a tocar como se o próprio arco estivesse criando a música e minha tarefa fosse simplesmente lhe deixar o caminho livre. Permiti que o violino assumisse o controle e voluntariamente me coloquei em segundo plano. Deixei de usar a técnica, a flexibilidade, a força, a resistência, o tônus muscular e a reação rápida como meios de impor minha vontade sobre o instrumento, deixando o caminho aberto para que o impulso criativo revelasse a música que brotava diretamente das profundas camadas pré-conscientes que estão além do meu alcance. Descobri que os bloqueios são um preço que se paga por evitar a entrega, e que a entrega não é uma derrota, mas, ao contrário, uma porta que se abre para um mundo de prazer e de permanente criação.

Um dos maiores perigos dos momentos de bloqueio é que nos acusamos de falta de concentração, de falta de disciplina. Então, assumimos conosco uma atitude paternal ou militarista: nos *obrigamos* a trabalhar, nos impomos um esquema rígido, fazemos promessas a serem cumpridas. O maior perigo é entrar num confronto entre a "força de vontade" e a "negligência". A disciplina é fundamental, mas não é algo que se alcance por meio da rigidez. Não abandone o *temenos*, e a solução virá. Persevere mansamente. Use o *intelleto*, a faculdade visionária. Fuja dos extremos: nem grandes altos, nem grandes baixos.

As camadas mais profundas permanecem obscuras quando tentamos forçar os sentimentos; elas se clarificarão se lhe dermos tempo e espaço adequados para vir à tona. A criatividade de que nos orgulhávamos ou a incapacidade de que nos acusávamos ontem hoje são vistas como um sinal de entrega, de rendição.

Como as regras do universo, a questão da criatividade pessoal é desconcertante e paradoxal. *Tentar* controlar-se, *tentar* criar, *tentar* romper os nós que você mesmo atou é colocar-se à distância daquilo que você já é. É como olhar de um lado para outro em busca da própria cabeça. É o que acontece aos praticantes zen que, diante de um *koan*, sentem-se como se tentassem digerir uma bola de ferro em brasa que não podem engolir nem cuspir.

Cheguei a um ponto em que os paradoxos, as complexidades, contradições e impossibilidades se acumularam tanto que me senti sufocado. Depois de passar e repassar os problemas, depois de tentar todos os caminhos, só encontrando frustrações, finalmente percebo que a única saída é parar e romper a armadura. Estou encurralado, preciso fazer alguma coisa, estou à beira de um abismo. Então também posso saltar. De repente, pouco me importa se vou conseguir resolver o enigma. Estou vivo, e que tudo o mais vá para o inferno. Não sei como, ao dar o salto, ao jogar para o alto todo o emaranhado de paradoxos, mas me mantendo alerta, alguma coisa dentro de mim cede. Desse salto, algo novo nasce. Então, no dia seguinte, andando na rua, a solução surge.

Embora eu agora saiba que preciso renunciar ao controle, essa entrega não pode ser intencional ou fingida. Não posso decidir ou fingir que renuncio ao controle para que a música brote, rejuvenescida, do atoleiro. Isso não funciona. A entrega tem que ser genuína, espontânea, sincera: tenho que abandonar realmente qualquer esperança e qualquer medo, sabendo que nada tenho a ganhar ou a perder. Esse paradoxo do controle *versus* deixar que as coisas aconteçam naturalmente não pode ser racionalizado; só pode ser resolvido na prática. Rumi escreve:

*Você suspeita que isso poderia ser seu
com um pouco de esforço.*

*Só para a morte o esforço
vai lhe servir.*

*Algo "bom" ou "ruim"
sempre brota de dentro de você,
é uma agonia ficar calmo;
o carretel aparece
quando a mente puxa a linha.
Quando a chaleira ferve
o fogo é revelado,
quando a pedra rola
o rio mostra a sua força.*

*Ponha uma tampa na chaleira
e deixe-se preencher
pela ebulição do amor.*[41]

Nós nos dividimos em controlador e controlado. Acreditamos que o músico aprende a controlar o violino. "Controle-se!", dizemos a um viciado. Tentamos controlar o nosso ambiente. Essa ilusão surge do fato de falarmos uma língua que usa substantivos e verbos. Isso nos predispõe a acreditar que o mundo é feito de coisas e de forças que movem as coisas. Mas, como qualquer entidade viva, o sistema formado por músicos + instrumentos + ouvintes + ambiente é indivisível, totalmente interativo, e é um erro tentar dividi-lo em partes.

Conheço uma treinadora de equitação que faz seus alunos principiantes cavalgarem sem sela e sem rédeas. Ela se recusa a lhes dar meios físicos de controlar o cavalo antes que aprendam a guiá-lo sem qualquer equipamento ou apoio, apenas com a força da gravidade, o peso e o pensamento. Isso significa buscar uma total integração entre cavaleiro e cavalo; significa amar o cavalo.

Tocar um instrumento é um esporte em que dançamos com um objeto que tem vida própria, um objeto que cede e resiste. Como num cavalo, esse ceder e resistir forma uma configuração infinita que se auto-alimenta, que muda, se move, brinca, joga, morre e renasce no transcorrer de sua própria história de vida. Ligados de corpo e alma ao instrumento, buscamos o caminho do menor esforço. Quando mantemos esse relacionamento com nosso instrumento, palavras como *domínio* ou *controle* perdem o significado.

Não é dominando o instrumento que chegamos ao caminho do menor esforço, mas tocando com ele como um parceiro vivo. Se acho que o violino, o piano, a caneta, o pincel, o computador ou meu próprio corpo são objetos que precisam ser controlados por um sujeito, um *eu*, então por definição eles estão fora de mim. Meu eu limitado e autolimitante está, por natureza, amarrado. A menos que eu renuncie à minha identidade, à identidade do instrumento e à ilusão de controle, nunca eu e meu instrumento seremos uma unidade, e os bloqueios permanecerão. Sem entrega e confiança nada acontece.

De posse de uma visão mais rica e mais sensível, agora podemos voltar ao nosso tema anterior: para criar temos que desaparecer. Isso parece paradoxal, porque, quando adio indefinidamente um trabalho e me sinto bloqueado, tenho a sensação de que não existe nada dentro de mim; acho que estou vazio. Mas na verdade não estou vazio, estou cheio de lixo!

Isso não é apenas uma frase de efeito; é o cerne de toda a questão. Quando olho com mais atenção e mudo meu ângulo de visão, todo esse suposto vazio que existe nos estados de bloqueio se revela uma imensa mixórdia de ilusões, idéias ultrapassadas, desejos, aversões, confusões, lembranças mal digeridas, esperanças e expectativas frustradas. Todo esse lixo espiritual precisa ser descartado. Só uma entrega incondicional conduz ao verdadeiro vazio, e a partir desse vazio eu posso ser produtivo e livre.

Criamos e reagimos a partir desse maravilhoso vazio que é gerado quando nos entregamos. Repito: "maravilhoso vazio", embora a maioria o veja como algo terrivelmente assustador. Tentamos nos preencher com todo o tipo de estímulos, tentamos nos manter ocupados para não ter que enfrentar essa desagradável e angustiante sensação de vazio.

Visto de fora, esse vazio é de fato assustador; mas quando entramos dentro dele e realmente nos sentimos vazios, temos a surpresa de descobrir em nós a força e a eficiência. Porque apenas quando estamos vazios, sem qualquer distração e livres do diálogo interior, podemos responder instintivamente à visão, ao som, ao sentimento do trabalho que está diante de nós.

Abandonamos qualquer imagem que possamos ter de nós mesmos — inclusive todos os nossos conceitos sobre arte, espiritualidade ou criatividade. Acreditar conscientemente que estamos fazendo uma arte espiritual não é diferente de fazer arte por dinheiro ou fama. Sempre que desempenhamos uma atividade esperando um resul-

132

tado, por mais alto, nobre ou admirável que ele seja, não estamos totalmente *imersos* na atividade. Essa é a lição que aprendemos quando observamos uma criança totalmente absorvida numa brincadeira. Mergulhar no instrumento, mergulhar no ofício de atuar ou tocar, no micromomento, na sensação de mover os dedos pelo instrumento, esquecer a mente, esquecer o corpo, esquecer por que estamos fazendo aquilo e quem está ali — essa é a essência da perícia e a essência de fazer de nosso trabalho arte. Quando encontramos esse vazio em nós, podemos nos tornar artistas espirituais. A entrega incondicional ocorre quando percebo plenamente — não no meu cérebro, mas nos meus ossos — que aquilo que minha vida ou minha arte está me entregando é muito maior do que minhas mãos, muito maior do que qualquer compreensão consciente que eu possa ter, muito maior do que qualquer das minhas capacidades.

Um monge perguntou a Yün-Mên, o grande mestre zen do século XIX: "Como é quando a árvore seca e suas folhas caem?". Como é estar nu e de mãos vazias, sem ter em que se agarrar e tudo com que se poderia contar desapareceu? Yün-Mên respondeu: "Todo o corpo está exposto aos ventos propícios".[42] O que Yün-Mên está dizendo a seu discípulo é que esse estado de mente aberto e vulnerável não implica necessariamente um sentimento de pavor e impotência; aquele que se entrega ao vasto vazio está mais bem-equipado do que nunca para ser e agir em sintonia com o universo.

Paciência

Por mais lenta que seja a velocidade do filme,
o Espírito sempre posa calmamente, pelo tempo que
for necessário, para o fotógrafo que Ele escolheu.

MINOR WHITE

Tenho um amigo que, além de psiquiatra, também é médium. Ele me contou que uma mulher, perturbada por causa de um amor não correspondido, lhe pediu: "Você não pode me preparar algum tipo de poção mágica de amor?". "Sim, na verdade, posso fazer isso", disse meu amigo, "mas isso a faria pular etapas importantes na evolução do caso, e você se arrependeria mais tarde." Às vezes me vejo num poço de solidão e falta de criatividade. Sinto que não consigo sair de alguma situação difícil, ou que me propus realizar algum trabalho tão grande e multifacetado que não poderia completar nem que tivesse dez vidas. Um lado meu sabe que a qualquer momento pode ocorrer uma surpresa, uma inspiração ou um novo elemento capaz de mudar o equacionamento de minha vida. Mas quase sempre percebo em mim um lado (um ego, um *self* solidificado) que só vê o que está aparente e se sente preso numa armadilha. As exigências da vida diária e minhas próprias expectativas parecem não me dar tempo nem espaço de manobra. Então, sinto-me tentado a me agarrar a uma saída fácil, uma poção mágica, uma distração ou qualquer coisa capaz de me tirar daquele estado.

Nesses momentos, podemos alimentar enormes dúvidas sobre nossa vida e nossa arte. Essa descrença e o hipnótico poder da dúvida exercem um forte efeito sobre nós. Precisamos de uma limpeza geral da mente, precisamos reunir todos os pensamentos negativos e queimá-los numa fogueira, e então dar um bom tempo para que as cinzas se depositem. Dessas cinzas da dúvida e da alquimia da entrega, a fé pode renascer.

A fé só se torna possível quando entramos num estado de *samadhi*. Do contrário, nossa consciência do tempo, esteja ela condicionada ao dia de amanhã ou ao limite de nosso período de vida, vulgariza nosso esforço. É uma atitude inerentemente não-dualística — nós e nosso trabalho são uma coisa só, uma unidade, um todo integrado. Se partimos da separação entre sujeito e objeto — o sujeito, eu, que atua sobre um objeto, o meu *trabalho* —, então meu trabalho é algo que está fora de mim; tudo o que eu quero é terminá-lo rapidamente e retomar minha vida. Dessa interpretação da realidade surgem os bloqueios ou obstáculos criativos que a vida interpõe entre sujeito e objeto; automaticamente, eles são vivenciados como frustrações, quando deveriam ser vistos como desafios. Mas se arte e vida são uma coisa só, nos sentimos livres para trabalhar cada frase, cada nota, cada cor, como se tivéssemos uma quantidade infinita de tempo e energia.

Com essa enorme e generosa disposição com relação ao tempo e a nossa identidade, podemos perseverar com alegria e confiança e alcançar mais e melhores realizações. É por essa razão que algumas pessoas são capazes de produzir mais sob pressão; paradoxalmente, a pressão as coloca num estado de alta concentração que as faz esquecer o tempo. Outras pessoas trabalham melhor num ambiente quase monástico, num lugar tranqüilo no campo, onde possam se afastar por um longo período de suas atividades normais. Essas pessoas só conseguem atingir um estado de calma, paciência e confiante concentração quando são generosas com seu tempo a ponto de semanas ou meses se desvanecerem no tranqüilo desenrolar do trabalho e do aprendizado. A fé é portanto uma dimensão interior da paciência.

Essa equação entre paciência e fé é necessária porque não podemos nos desligar do mundo para nos submetermos ao crescimento e fazer o trabalho que precisa ser feito — seja durante horas, seja durante anos —, a menos que acreditemos que o "Espírito espera calmamente pelo tempo que for necessário". Num mundo que muda rapidamente não há uma base objetiva para essa confiança a não ser a certeza de que outras pessoas fizeram isso e venceram. Por mais louca que seja a nossa época, temos que ter fé na retidão de nosso propósito, na utilidade dos obstáculos, provações e lições com que nos deparamos ao longo do caminho, na integridade e no mistério de nossa própria evolução.

Embora tenhamos dito que a improvisação na vida e na arte é um fluxo constante vivido momento a momento, em que vivenciamos e criamos cada momento à medida que ele chega, o oposto também é verdadeiro. É igualmente importante dar um passo atrás e ter uma ampla visão de nossa vida e de nossa arte, de uma perspectiva telescópica que abranja grandes períodos de espaço e de tempo.

Certa vez, passeando com um amigo por um bairro afastado de Granada, a antiga capital moura na Espanha, nos deparamos com uma velha igreja que estava sendo restaurada. A construção, que um dia fora majestosa, era um monte de escombros e pó. Subimos num andaime e começamos a conversar com um trabalhador solitário, um homenzinho baixo e forte que se chamava Paco. Ele estava instalando o sistema de eletricidade e nos contou que, durante séculos, a igreja fora iluminada por lamparinas a óleo. A fumaça havia enegrecido as paredes; sob a fuligem, conseguíamos discernir vagamente os contornos dos afrescos e as reentrâncias que as cobriam de ponta a ponta. Ele nos disse que, depois de instalar a fiação elétrica, teria que reparar todo o reboco, todo o madeiramento, para então começar a repintar os afrescos. Logo percebemos que aquele homem de macacão azul não era um operário comum. "Tudo isso vai levar um bom tempo, não é?", eu lhe perguntei. Ele me respondeu que poderia fazer o seu trabalho todos os dias até os noventa anos e que, se não o terminasse, alguém o terminaria.

Freqüentemente nos surpreendemos com a diferença entre os sólidos edifícios antigos e as horrendas estruturas arquitetônicas modernas. No campo das belas-artes, ainda criamos coisas belas, mas a maioria dos elementos concretos que nos cercam — pontes, estradas, edifícios, móveis e utensílios, que costumavam reunir engenho e arte — parecem ter sido construídos da maneira mais fácil e barata. Estou convencido de que essa diferença tem a ver com nossa visão atual de tempo, mais rápida e mais trivial, e com a relação entre tempo e dinheiro. Se criamos com uma longa perspectiva de tempo, construímos catedrais; mas se criamos apenas com vistas ao próximo período fiscal, construímos horríveis *shopping centers*. A feiúra de muitos dos artefatos modernos não se deve ao fato de os materiais plásticos ou eletrônicos serem inerentemente mais feios do que a pedra ou a madeira, nem de as pessoas serem mais estúpidas hoje do que eram antigamente. Deve-se, na verdade, à falta de ligação entre as pessoas e as coisas. A separação artificial entre trabalho e diversão abre uma fenda na nossa visão de tempo e na qualidade de nossa atenção. Uma atitude de fé pressupõe que eu e meu trabalho somos uma coisa só, organicamente inseparáveis e inseridos numa única realidade maior. Isso não é possível quando vivemos de acordo com uma realidade das oito às seis e com outra realidade diferente depois do horário do expediente. Quando trabalho e divertimento são coisas diferentes, trabalho e trabalhador não podem ser um todo integrado; quando o indivíduo e o ambiente são coisas diferentes, a qualidade se torna irrelevante, supérflua. Portanto, enchemos o mundo de coisas e lugares feios.

Alguns artistas passam metade da vida refazendo uma obra antes de dá-la por terminada. Alguns improvisadores têm que praticar durante anos até que sejam capazes de tocar um único minuto de música verdadeiramente espontânea. Os grandes cientistas e eruditos não são aqueles para quem a lei é publicar ou morrer a qualquer custo, mas aqueles que estão dispostos a esperar que as peças do quebra-cabeça se encaixem de acordo com o desenho que a natureza criou. Os frutos da improvisação, da composição, da literatura, da inventividade e da pesquisa podem florescer espontaneamente, mas brotam de um solo que foi preparado, fertilizado e cultivado na fé de que eles virão a amadurecer a seu próprio tempo.

Amadurecimento

Depois de um longo período tentando arduamente resolver um problema sem sucesso, vemos que a direção correta tende a surgir repentinamente, num momento de extrema passividade mental, trazendo consigo a solução. (...) Um famoso físico escocês me disse uma vez que esse fenômeno é amplamente conhecido dos físicos ingleses. "Costumamos nos referir aos Três Bs", ele disse, "'Bus (o ônibus), Bath (o banho) e Bed (a cama). É aí que ocorrem as nossas grandes descobertas científicas."

WOFGANG KÖHLER

Quando o mestre flautista chega à cidade no início de nossa história, toca uma peça breve e simples. Todos ficam maravilhados, e o homem mais velho entre os presentes diz que ele toca como um deus. Então, o aluno sai em busca do mestre para estudar com ele. Faz tudo com perfeição, mas não chega a tocar como um deus. Tudo o que consegue é tocar como um competente músico profissional. Ele continua estudando arduamente, até que chega ao limite de sua competência e de seu talento. Pressionado além de seus limites, ele só encontra frustração e sofrimento. Atinge uma espécie de nadir e, empobrecido e bêbado, passa por um longo período de esquecimento. Até que um dia, depois de tanto sofrimento, volta a tocar a velha peça que já tocara milhares de vezes. Mas agora alguma coisa na sua maneira de tocar está diferente; agora ele tem alma.

Alguma coisa que se interpunha entre ele e sua alma se rendeu. Mas, embora ele agora tenha adquirido uma alma, não é sobre isso que a história fala, porque todos nós temos uma alma desde que fomos concebidos. O preço que inevitavelmente pagamos com a experiência é que obscurecimentos, interferências, medos e esquecimentos de todos os tipos se interpõem entre nós e nosso verdadeiro ser, de modo que não conseguimos mais vê-lo. De súbito e surpreendentemente, depois de ter perdido a esperança, o flautista pôde tocar com alma, pôde tocar *como* alma. A história, portanto, fala do amadurecimento da alma.

Os anais da arte e da ciência estão cheios de histórias de homens e mulheres que, na busca desesperada da solução de um enigma, chegam ao limite de suas forças até que, de repente, enquanto estão ocupados em outra coisa ou sonhando, conseguem dar o tão esperado salto criativo. O amadurecimento ocorre quando a atenção está em outro lugar.

O *insight*, a inspiração, geralmente ocorre durante períodos de pausa ou descanso depois de um árduo trabalho. A um período preparatório de acumulação de dados, segue-se uma transformação essencial e imprevisível. Nesse mesmo sentido, William James observou que aprendemos a nadar durante o inverno e a esquiar durante o verão. Aprendemos aquilo em que não estamos concentrados, a parte que vínhamos exercitando e treinando no passado, mas que agora está em repouso. Não fazer pode ser mais produtivo do que fazer.

Mais cedo ou mais tarde, chegamos inevitavelmente a um impasse. Passamos por um período de forte e crescente pressão, durante o qual muitas vezes nos sentimos numa situação desesperadora, acreditando não haver solução. Sentimo-nos irremediavelmente perdidos. Da mesma forma, o alcoólatra ou o viciado geralmente tem que "chegar ao fundo do poço" antes de ter o *insight* que o conduzirá à recuperação.

Às vezes percebo que gastei um dia inteiro tentando uma tática depois da outra para escrever um único parágrafo, para tocar um único acorde, e mais tarde o problema se resolve sozinho com a maior facilidade. A sensação de imbecilidade, a obsessão de trazer à luz alguma coisa que não quer se revelar, é apenas um estágio na solução do problema. Por mais desagradável que pareça, o desespero criativo é um passo necessário — um sintoma de que estamos nos atirando de corpo e alma no problema.

Na ciência, nos vemos cara a cara com o perpétuo abismo entre os misteriosos fenômenos da natureza e nossa capacidade de entendê-los e ordená-los. Na arte, enfrentamos o mesmo abismo entre nossa intuição e imaginação e nossa capacidade de entendê-las e ordená-las — o que T. S. Eliot chama de "o indisciplinado batalhão de emoções". O momento criativo nasce quando transpomos o abismo, ressuscitamos a zona morta.

A surpresa criativa quase sempre ocorre quando as pressões se dissolvem num momento de relaxamento ou rendição. Walt Whitman fala da importância de vagabundear. Mas aqui relaxamento não significa indolência ou letargia; significa um equilíbrio alerta, aten-

140

to, pronto a tomar qualquer direção que o movimento do momento nos indique. Sentimos uma certa excitação de estarmos diante de alguma coisa que ainda não sabemos o que é. As manifestações espirituais e estéticas ocorrem exatamente quando estamos aparentemente desocupados. Quando discutimos o poder dos erros, vimos que na vida, como num *koan*, chegamos a um ponto em que as interrupções são a resposta. Quando nos permitimos períodos de interrupção, estamos livres para ver a situação de uma maneira nova e descobrir o ouro alquímico que existe nela. Esse ingrediente do processo criativo inclui não apenas a incubação e o amadurecimento mas a técnica hipnótica de *redirecionamento da atenção*: "Olhe *ali!*", e, enquanto estamos olhando, transformamos o que está *aqui*.

Depois de viver um impasse criativo durante algum tempo, passamos a vê-lo e a rotulá-lo como um problema. Ele deixa de ser novo e estimulante. Deixa-nos de mãos amarradas e se transforma num círculo vicioso. Qualquer tentativa de forçar a situação leva a uma maior rigidez. Mas se colocamos o projeto de lado e tentamos algo novo, não estamos mais diante de um problema. Podemos nos dedicar ao novo projeto sem pensar no velho problema. Misteriosamente, descobrimos que até os enigmas mais angustiantes e complicados têm solução quando não estamos obcecados em resolvê-los. Uma boa siesta, sabiamente utilizada e vantajosamente desfrutada, pode ser um poderoso instrumento para o despertar espiritual.

Talvez a mais radical invenção sócio-política em milhares de anos seja o *sabbath*. A prática do *sabbath* (se ignorarmos as regras impostas pelas religiões oficiais) reconhece que precisamos de um tempo e de um espaço para escapar das pressões e da correria da vida diária, um tempo para nos voltarmos para dentro de nós mesmos, um tempo para um repouso, para um reexame e para a revelação.

A entrega afrouxa as defesas conscientes e permite que a integração inconsciente se manifeste. Esse é também o processo da terapia, que permite ao indivíduo afrouxar suas defesas, de forma que possa responder às fontes mais profundas de seu ser. O movimento de sístole-diástole entre esforço e relaxamento cria o ambiente propício para o sucesso daqueles que estão bem preparados.

Lembrando o exemplo da lei Weber-Fechner, a mente que está amarrada a um objetivo é uma mente em que cinqüenta velas estão ardendo e que, portanto, não será capaz de perceber quando mais uma for acesa. Quando nos entregamos, a mente relaxa num estado sutil e sensível em que poucas velas estão acesas. Quando a chama da surpresa criativa acender, essa mente poderá percebê-la com clareza e, mais importante, saberá o que fazer com ela.

O centésimo e último *koan* do *The Blue Cliff Record* pergunta:

141

"Qual é a espada que corta um cabelo soprado pelo vento?" — ou seja, qual é a espada (a espada da mente, a espada do coração) tão afiada a ponto de cortar em dois pedaços um fio de cabelo apenas soprado diante de sua lâmina? Qual é o fio da navalha, o limite preciso do momento presente?

Pa Ling responde: "Cada ramificação do coral contém a lua". Imagine-se de pé diante do mar numa noite enluarada, olhando lá embaixo o brilho que a luz da lua lança sobre o coral banhado pelas ondas. O luar se reflete do coral para os seus olhos à velocidade da luz, o que numa escala humana significa instantaneamente. É uma transmissão direta, sem qualquer impedimento, e toda a lua está disponível em cada parte do coral, como um holograma. Cada uma daquelas milhares de faíscas é uma imagem completa do todo. Uma maneira de ter e ser um instrumento afiado é estar sensível ao momento presente e usar essa sensibilidade para ver as manifestações divinas que nos cercam. "Não sou eu", diz D. H. Lawrence:

não sou eu, mas o vento que sopra através de mim!
Um vento leve está soprando a nova direção do Tempo.
Se eu ao menos me deixasse levar, transportar, se ele me levasse!
Se eu ao menos fosse sensível, sutil, oh, delicado, um dom alado!
Se eu ao menos, mais adorável que tudo, me abandonasse e fosse
    roubado
Pelo vento leve que abre caminho por entre o caos do mundo
Como um cinzel preciso e afiado, uma lâmina penetrante;
Se eu ao menos fosse agudo e duro como a ponta de uma cunha
Impulsionada por golpes invisíveis,
A pedra se partiria, chegaríamos à maravilha,
    encontraríamos as Hesperides.

Oh, graças ao deslumbramento que borbulha em minha alma,
Eu seria uma boa fonte, uma fresca nascente,
Nenhum sussurro se toldaria, nenhuma expressão se deterioraria.

Quem está batendo?
Quem está batendo à porta no meio da noite?
É alguém que nos quer fazer mal.

Não, não, são os três anjos estranhos.
Deixe-os entrar, deixe-os entrar.[43]

Num exame posterior (depois de muitas batidas à porta), veremos nossa experiência de bloqueio, e as brechas que podemos encontrar, como algo inteiramente novo, parte do processo natural de amadurecimento. Essas brechas não são apenas fruto de descanso ou

142

visão, mas de gestação. Numa fase do processo, exercitamos a técnica e experimentamos coisas passo a passo. Em outra fase, o trabalho consciente se aprofunda e assimila dados do inconsciente. Então vem aquela parte aparentemente mágica do processo na qual o material volta à superfície, enriquecido e amadurecido pela temporada passada no inconsciente. Naturalmente, não é o material que volta à tona, somos nós que voltamos à superfície, mais maduros e prontos para *transmitir* o material.

Um professor talentoso sabe que as idéias e percepções precisam amadurecer durante um certo tempo. Às vezes, o aluno que tem maior dificuldade de expressar suas idéias é aquele que na verdade as está absorvendo e processando mais profundamente. Isso também se aplica ao nosso aprendizado particular da arte que escolhemos: as áreas em que nos sentimos mais confusos e incompetentes podem ser nossa mina de ouro. Portanto, no aprendizado o silêncio pode ser uma arma poderosíssima.

Os sonhos, quando lhes prestamos atenção, são outra fonte de informação de nossas camadas mais profundas. Pessoas criativas elaboram seus questionamentos internos mesmo quando dormem. Quando estamos dormindo, a vida é cheia de surpresas. Existe dentro de nós algo que está sempre querendo aflorar e que parece emergir mais facilmente quando nos livramos das censuras (esperança e medo) da consciência. Descobrimos que um inexplicável crescimento subterrâneo ocorreu dentro de nós.

Como num parto, a expressão criativa vem à luz quando tanto nós quanto ela estamos maduros.

"O Espírito sempre espera pacientemente pelo tempo que for necessário", disse Minor White, mas isso nem sempre parece verdade ao artista "que Ele escolheu". Nosso flautista se aplicou à sua arte com paciência e perseverança, mas um dia desistiu. Sem que ele se desse conta, o *momentum* de toda a sua prática se completou, inconscientemente, durante a noite escura da sua alma.

A mente inconsciente é um oceano cheio de ricas formas de vida que, invisíveis a nossos olhos, nadam sob a superfície. No trabalho criativo, tentamos pescar um desses peixes; mas não podemos deixá-lo morrer, temos que mantê-lo vivo. Num certo sentido, temos que trazê-lo à superfície de uma maneira anfíbia, de forma que ele possa se expor aos olhos de todos; e os outros reconhecerão nele algo familiar, porque também têm um peixe semelhante dentro de si. Esses peixes, os pensamentos inconscientes, não flutuam passivamente "lá no fundo"; estão se movendo, crescendo e mudando, e nossa mente consciente é meramente um observador ou um intruso. É por isso que Jung chamava as camadas mais profundas do inconsciente de "psique objetiva".

143

No *Segredo da flor de ouro,* Jung escreve, referindo-se aos mestres taoístas:

> O que fazem então essas pessoas para atingir o progresso libertador? Até onde posso perceber, elas não fazem nada (*wu wei,* inação), apenas deixam que as coisas aconteçam, porque, como nos ensina o mestre Lu Tzu, a Luz circula de acordo com sua própria lei, desde que a pessoa não desista de sua vocação. A arte de deixar que as coisas aconteçam, a ação na não-ação, abandonar-se a si mesmo, como ensina Mestre Eckhart, se tornou para mim uma chave com a qual posso abrir a porta ao "Caminho". A chave é a seguinte: precisamos permitir que as coisas aconteçam na psique. Para nós, isso se torna uma verdadeira arte, da qual poucas pessoas têm algum conhecimento. A consciência está sempre interferindo, ajudando, corrigindo e negando, sem permitir jamais que o simples crescimento dos processos psíquicos se desenrole em paz. Seria na verdade uma coisa muito simples, se a simplicidade não fosse a coisa mais difícil.[44]

O poema existe antes de ser escrito? A idéia existe antes de ser conhecida? Sem dúvida! Para onde teremos que ir para ouvir a música que ainda não foi ouvida? Existe um lugar em nosso corpo onde podemos nos refugiar e ouvi-la. Se nos refugiarmos lá, em silêncio, podemos começar a trazê-la à tona. Lembrando o caso de Sócrates e seu discípulo escravo, podemos dizer que as perguntas do mestre desenvolveram e amadureceram o conhecimento que estava latente no escravo.

Como disse Chuang-Tzu, "A uma mente tranqüila, todo o universo se rende".[45] O caráter essencial desse estado é que atingimos um ponto em que nada se tem a ganhar ou a perder. É como a meditação do ex-príncipe Gautama Shakyamuni, que se questionou arduamente durante anos para conseguir um *insight* e transcender o conhecimento da vida e da morte, que estudou desesperadamente e sem sucesso com todos os tipos de mestres espirituais, que praticou todas as técnicas desconfortáveis de auto-anulação e ascetismo — sem

nenhum resultado —, até que finalmente, durante um desses turnos de prática, se pôs de pé, mandou tudo às favas e foi fazer uma boa refeição. Então sentou-se novamente em meditação e fez um voto de não se levantar dali até que uma grande mudança brotasse dentro dele. Essa entrega total, esse esquecimento das próprias necessidades e do tempo, inclusive de qualquer pretensão à santidade, à abstinência, à iluminação, o libertou para "simplesmente permanecer sentado"[46] — para sempre, se fosse necessário —, apenas esperando, calmo e vazio. E, quando a estrela da manhã surgiu, ele subitamente teve o seu momento, a absoluta surpresa da libertação, e se tornou Buda, Aquele-que-Despertou.

As duas atividades que apontamos no início deste capítulo — primeiro, a acumulação de conhecimentos na consciência e, depois, o amadurecimento desses conhecimentos no inconsciente — podem ocorrer simultaneamente, da mesma forma que, na improvisação, o pensamento e a livre expressão. Ainda estaremos sob o domínio do ego racional se dissermos que, para sermos criativos, primeiro temos que encher nossa mente de dados e problemas e então deixar que eles fermentem no inconsciente. Isso seria imaginar que a criatividade (tornar a sabedoria inconsciente disponível à mente consciente) é um fenômeno especial ou paranormal. Mas, e se simplesmente jogarmos fora o filtro racional e dirigirmos nossos problemas imediatamente para o inconsciente? Isso, afinal, é o que estão fazendo neste exato momento os pelicanos que voam graciosamente sobre a praia. Eles fazem isso naturalmente, porque a vida dos animais é préconsciente, pré-pessoal; eles vivem num mundo que Rilke chamou "mundo indecifrado".[47] O objetivo de Buda foi conquistar essa mesma graça, sendo uma pessoa consciente. Esse conhecimento transconsciente, esse despertar para fluir com a vida no tempo real pode amadurecer em cada um de nós.

Os Frutos

Eros e a Criação

*Música, a palavra que usamos em nossa linguagem
cotidiana, nada mais é do que a imagem do Bem-Amado.
E porque a música é a imagem do Bem-Amado, nós a
amamos.*

HAZRAT INAYAT KHAN

*O bem-amado já está dentro de nós, como anseio e
"diferenciação". Ser é erotismo. Inspiração é aquela voz
estranha que leva o homem para fora de si mesmo para
ser tudo o que ele é, tudo o que ele deseja: outro corpo,
outro ser.
Lá longe, fora de mim, na mata verde e ouro, entre os
galhos trêmulos, canta o desconhecido.
Ele chama por mim.*

OCTAVIO PAZ

O sentimento de êxtase que Walt Whitman celebra quando diz "Eu canto o corpo elétrico"[48] é inerente ao processo criativo. Quando a expressão é livre e a técnica está amadurecida, fazemos amor fazemos música fazemos amor fazemos música.

A música (e me refiro à música da música, à música da poesia, à música da vida criativa) ocupa na mente o mesmo lugar que a sexualidade e a sensualidade. Eros — princípio divino do desejo e do amor — emerge de nossas raízes evolucionárias mais profundas: a ânsia de criar, de gerar nova vida, de regenerar as espécies. É a energia criativa imanente em nós, seres vivos. "Energia é a única vida, e brota do Corpo; a Razão é o limite ou a circunferência exterior da Energia. Energia é Eterno Prazer."[49] Esse prazer é a fonte de poder e criatividade que se liberta quando nos livramos do fantasma da censura e expandimos essa circunferência externa.

Esse poder é simbolizado na figura do deus grego Pã e do Krishna hindu — ambos deuses tocadores de flauta, deuses velhacos, deuses amantes que os antigos veneravam como símbolos da vitalidade cósmica, do divertimento, do prazer. Eles representam o poder de *lîla*, o poder de utilizar as energias puras e elementares: o pagão, o selvagem, o ctônico. Seu papel na vida interior do artista é ativar em nós a força criativa que nos leve a produzir uma obra ao mesmo tempo fruto da desinibição e da técnica, que usa os instrumentos da cultura, do treinamento e do refinamento para nos fazer megulhar na fonte de nosso ser. *Lîla* é o instrumento capaz de atrair hipnoticamente o indivíduo para as áreas mais profundas e mais sagradas da psique. Sentimos o poder dessa atração quando somos transportados para longe — ou melhor, para dentro — pelas qualidades rítmicas, mântricas, da música, da poesia, do teatro e do ritual.

Escrever, tocar, compor, pintar; ler, ouvir, olhar — todas essas atividades exigem uma submissão ao poder de Eros, que nos arrasta para uma transformação do *self* só comparável à que sentimos quando estamos apaixonados.

A *lîla* musical de Krishna é um som irresistivelmente encantador. Ele provoca e fascina todos os que o cercam, e no entanto representa a maior força moral existente no mundo.[50] No mito, ele é representado como um deus da sedução. Bastava-lhe tocar sua flauta e todas as jovens pastoras da vila de Vrindavana corriam ao seu encontro. De acordo com uma lenda, Krishna fez amor com dezesseis mil pastoras numa só noite — uma demonstração inequívoca do poder divino do amor e da fecundidade! Nesse mundo mítico, não existe dualismo entre corpo e espírito; a paixão visceral e espiritual da sedução divina está muito além da nossa visão limitada da paixão sexual. É a sedução que algumas pessoas experimentam, por exemplo, quando abandonam sua profissão e a segurança que ela lhes daria para se dedicarem ao teatro, porque seu amor é o teatro. Essa sedução é um chamado, uma vocação, a arte em nome do amor. Quando nos entregamos à paixão espiritual do Desejo com D maiúsculo, reunimos todos os nossos recursos — intelectuais, emocionais, físicos, imaginativos, o animal e o angélico que existem em nós — e os jogamos no trabalho.

A palavra "desejo", em inglês *desire*, vem de *de-sidere*, "longe da estrela". Significa afastamento da fonte e, concomitantemente, a forte atração magnética que nos leva de volta à fonte. Na perspectiva sufista, o bem-amado é o amigo que amamos, enquanto o Bem-Amado é o Amigo, Deus; e ambos são um só. O amor é um estado de ressonância entre a ausência e a proximidade do ser amado, uma ressonância harmônica entre ser dois e ser um. Na arte do arco e flecha, o desejo da flecha e do alvo de estarem juntos é tal que, na mente do mestre arqueiro, eles já são uma coisa só.[51] O arqueiro pratica uma espécie de *intelleto* cada vez que retesa o arco: sente a interpe-

150

netração entre sujeito e objeto, entre o ser e o instrumento, *percebe* a identidade entre o momento do desejo, o momento da preparação e o momento da realização.

Chega um momento em que o músico se apaixona por seu instrumento, o escultor por suas ferramentas, o bailarino pelo tablado. Estamos apaixonados pela música, pela arte, pela literatura, pela culinária, pela física. Amamos a beleza, a técnica bem executada, o material que criamos e os instrumentos com que o criamos. Sentimos a sensualidade de tocar, de ouvir, ler, ver e aprender. O desejo de aprender e se expressar, a força motora da criação, é parte de nossa constituição inata, esse anseio de ultrapassar nossos limites.

Por que fazemos arte? As motivações são múltiplas e sérias, como abrir os olhos das pessoas para a injustiça ou salvar o mundo; mas, se a tarefa de salvar o mundo não nos dá prazer, o que importa o mundo? E de onde extrairemos a integridade e a energia para levá-la adiante? A aventura da criatividade é uma aventura de alegria e amor. Vivemos pelo simples prazer de existir, e desse prazer se desdobram milhares de formas de arte e todas as ramificações do aprendizado e solidariedade.

O desejo instintivo que a criança tem de fazer, de ser a causa, de explorar as coisas, mais tarde na vida evolui para paixões mais profundas. É a paixão de alguém que já sofreu na vida, que já lutou contra a confusão e a decepção, e voltou à arte para uma renovação de criatividade. Então o impulso de criar não é apenas a mágica arrebatadora da fascinação infantil; está presente a fascinação erótica, que inclui amor e tensão, a dança complexa de atração e repulsão. É como a dança complexa de voltar a um antigo amor.

Eros invariavelmente corporifica não apenas a intimidade, mas também a tensão. Num relacionamento erótico, existe um íntimo contato e um íntimo risco. Apaixonar-se pela beleza ou pela arte de alguém é fácil. Mas apaixonar-se pelo próprio instrumento ou pelo próprio trabalho é como apaixonar-se por uma pessoa, uma paixão em que vivenciamos o êxtase e o prazer da descoberta, mas depois nos sentimos sobrecarregados pelo esforço do desempenho, pelo árduo trabalho de amar e pelas duras lições em que perdemos as ilusões, em que enfrentamos a difícil tarefa do autoconhecimento, em que temos que distender ao limite máximo nossa resistência física, emocional e intelectual, em que nossa paciência e nossa capacidade de perseverar e nos transcender são constantemente postas à prova.

O misterioso e importante fator que nos leva a ultrapassar cada obstáculo é o amor pelo trabalho inacabado. "A diferença entre construção e criação", escreveu G. K. Chesterton, "é a seguinte: uma coisa construída só pode ser amada depois de construída; mas uma coisa criada é amada antes de existir."[52] A coisa construída é um

151

produto da mera consciência, mas na criação atraímos e somos atraídos numa união erótica com os fortes e profundos padrões que emergem do inconsciente. Não podemos ver nossa criação antes que ela nasça, não podemos conhecê-la, mas sabemos que ela está lá e a amamos; e é esse amor que nos impulsiona a realizá-la.

A gestação de uma obra é como a interação com uma pessoa que desejamos conhecer. Iniciamos um diálogo com nossa criação ainda por nascer. Podemos fazer-lhe perguntas, e ela nos dará respostas inteligíveis. Como no amor, o compromisso com o ato criativo é o compromisso com o desconhecido — não apenas o desconhecido, mas o incognoscível.

Esse Desejo é mais do que alegria ou prazer; é o contato com o desconhecido. O Desejo faz a obra de arte crescer fora de nós para poder se ver. Ultrapassamos os limites conhecidos do nosso ser para incorporar o Outro, para tocar, sentir, remoldar, rejuvenescer, criar uma vida nova. A série de missões de Apollo na Lua, que produziu as extraordinárias fotos da Terra que todos conhecemos, talvez tenha sido a mais ambiciosa performance artística empreendida. Nós, como humanidade, ultrapassamos nossos limites para podermos ver o símbolo de nosso anseio de ultrapassá-los. A mente do criador que existe em nós busca símbolos que expressem cada vez mais completamente nossa própria totalidade.

Gire o dial do rádio. A maior parte das músicas que você vai ouvir são melosas canções de amor. Parece ser algo que as pessoas nunca se cansam de ouvir. Parece ser algo vital para nós.

Por quê? Esse amor é o mais próximo que a maioria de nós consegue chegar depois do fim da infância, da sensação de que não estamos presos dentro dos limites de nossa própria pele, de que a circunferência do ser pode ser ampliada, penetrada ou dissolvida na união com o outro. O ego é o limite externo do indivíduo; é a pele com que a psique se apresenta ao mundo. Nossa entrega ao amor é um toque de pele que apaga esses limites, que nos permite desfrutar essa deliciosa e mística transcendência da individualidade. Em nossa sociedade compartimentada, alienada, existe um enorme anseio de união, de contato, de entrega. Dirigimos nosso lado íntimo para a pessoa amada e abrimos um livre canal de intercâmbio. No amor, desaparecemos. O mundo pára, deixamos de ser dois seres e nos tornamos um campo aberto de sensibilidade.

O amor (pelo bem-amado e pelo Bem-Amado — e a dor de estarmos longe deles) nos ensina que somos parte de algo muito maior que nós, parte de um grande Sistema, de um grande Ser. É no amor que aprendemos verdadeiramente o que é vínculo e o que é perda.

152

Quando Eros promove a expansão do *self*, introduz um outro aspecto do amor, a compaixão. Compaixão é a capacidade do indivíduo de se relacionar e se identificar com o que vê, ouve ou toca; de perceber o que vê não como *aquilo*, mas como parte de si mesmo. Embora o amor seja um ato material (amor sexual, paternal, amizade ou qualquer outro tipo de devoção, o amor é sempre um ato), ele nos eleva acima do mundo normal e nos proporciona uma espécie de comunhão mística. Apuramos cada vez mais nossa capacidade de sentir as sutilezas da outra pessoa. Estamos dispostos a ser infinitamente pacientes e perseverantes. Num certo sentido, a vocação se equipara à compaixão, porque ambas envolvem uma enorme dedicação. Os grandes amantes, os grandes reformadores e pacificadores são pessoas que superaram as exigências do ego e são capazes de ouvir os gritos do mundo. O motivo não é a satisfação própria, mas a satisfação de um transcendente e esmerado cuidado e atenção ao detalhe — dar-se ao trabalho de tomar conta do próprio corpo e da própria mente e da mente e do corpo de todos os demais.

É exatamente isso que fazemos quando embarcamos na aventura de amar outro ser humano. Aprendemos, da maneira mais fácil ou mais difícil, a cultivar a receptividade e a recíproca emancipação expressiva.

Não será possível transferir essa receptividade, essa compaixão, esse livre fluir da mente para todos e para tudo o que tocamos?

Qualidade

Só interessa o que tem swing.
DUKE ELLINGTON
IRVING MILLS

Conversando com um amigo, enquanto nos dirigíamos para um restaurante, contei-lhe algumas das esperanças que alimentava ao escrever este livro: que ele pudesse ajudar as pessoas a liberar sua criatividade, que afirmasse seu direito alienável de expressar suas mais profundas imaginações qualquer que fosse o veículo escolhido. Quando chegamos ao restaurante, meu amigo apontou o dedo gravemente para mim e disse que esperava que minha tentativa de facilitar a expressão criativa não acabasse por encher o mundo de poemas medíocres, concertos enfadonhos, filmes ordinários e pinturas horrendas. Eu me vi mergulhado numa série de questões que podem ser levantadas mas para as quais não temos resposta: O que é qualidade? O que é bom? O enigma da qualidade artística traz à baila uma outra palavra, até certo ponto fora de moda: *beleza.* E nossa caixa de Pandora não cessa de nos apresentar outros enigmas: graça, integridade, verdade. O que significa "criativo"? Usamos a mesma palavra para descrever um esforçado pintor domingueiro e para definir Leonardo da Vinci? Quando estamos criando uma forma ainda desconhecida — e sobretudo quando estamos improvisando —, como reconhecer que se trata de verdadeira arte? Como saber se e quando estamos nos iludindo? O que provoca uma reação estética e como testá-la? Como calibrar nosso giroscópio?

O que tenho a dizer sobre qualidade pode parecer altamente insatisfatório, porque não posso e não irei defini-la; no entanto, insisto que ela existe e é de vital importância.

A livre expressão precisa ser temperada com a visão crítica, e a visão crítica temperada com a liberdade de expressão. Desempenhamos inúmeros atos de equilíbrio — uma dança entre pólos opostos —, todos eles necessários à existência da vida e da arte. Temos

155

que viver exatamente no ponto de equilíbrio de uma equi-*valência* entre o livre fluxo do impulso criativo e o constante questionamento em busca da qualidade. Sem visão crítica, criamos lixo. Com excesso de crítica, criamos bloqueio. Para nos expressarmos livremente, precisamos desaparecer. Para nos expressarmos livremente, precisamos dominar a técnica. É um diálogo constante entre imaginação e disciplina, paixão e precisão. Precisamos harmonizar a materialidade da prática diária com a volatilidade da fuga diária em busca do desconhecido.

Esse é outro dos ritmos vitais de sístole-diástole, como o movimento alternado de contração e relaxamento dos músculos, que não devem estar nem excessivamente rígidos nem excessivamente flácidos, mas no *tônus* apropriado. Na vida instintiva do corpo, esses atos de equilíbrio ocorrem automaticamente. Se nos apoiamos numa perna, nosso cérebro decidirá se cairemos para a esquerda ou para a direita. Não temos que tomar qualquer decisão ou intelectualizar esse movimento; o equilíbrio se restabelece automaticamente no tempo real. Se estou em sintonia e no tônus apropriado, posso caminhar para o ato criativo com a segurança e a espontaneidade de uma criança, sabendo que meu controle instintivo de qualidade me manterá no rumo certo.

Não é preciso dizer que existem múltiplas visões da realidade, inúmeras definições do que é bom, valioso ou belo, que mudam de uma pessoa para outra ou de um momento para outro. Uma obra de arte pode ser feia ou desagradável e no entanto profundamente comovente. Uma obra de arte pode ser apuradamente elaborada, ter um encanto sensual, expressar a verdade e, no entanto, ser insípida.

Existem infinitas maneiras de estruturar uma obra de arte e infinitas maneiras de interpretá-la. Um sinal de que se está diante de um bom poema, um bom romance, uma boa sinfonia ou um bom quadro são as inúmeras interpretações que eles provocam — pessoas diferentes os vêem de maneira diferente, e até uma mesma pessoa os vê de maneira diferente em épocas diferentes. Na centésima vez em que ouço, leio ou admiro uma obra de arte que amo, ainda sinto algo novo nela, porque eu estou diferente, ou porque existe nela uma amplitude ou uma multiplicidade de aspectos capazes de entrar em ressonância com as mutáveis versões de mim mesmo.

Em lugar de beleza ou qualidade, talvez seja mais apropriado falar de belezas, de qualidades. Há belezas formais, belezas emocionais, belezas essenciais. A beleza formal está relacionada à simetria, à proporção, à harmonia entre as partes — muito embora o tipo de simetria e de proporção dependa do estilo e do desejo do artista. Num concerto lindamente construído ou numa bela e fluente improvisação, cada nota tem o seu lugar exato. Cada nota de uma peça

156

musical, cada palavra de uma obra literária, está relacionada com as demais, numa dança que congrega todos os participantes. As qualidades da improvisação são a penetração, a absorção, a ressonância, o fluxo. As qualidades da composição são a simetria, a ramificação, a segmentação, a totalidade, a tensão entre os opostos. Quando um som se torna música? O que distingue um cânon de Bach, ou o *Oiseaux* de Messiaen, ou o verdadeiro canto de um pássaro, de sons que podemos considerar menos musicais? Quando cada som responde à pergunta colocada por outro som dentro de um grupo sonoro, quando cada grupo sonoro responde aos outros grupos, quando todo o campo sonoro pergunta e responde simultaneamente ao campo do pensamento e da emoção que existe em nós (ao mesmo tempo ouvintes e executantes), então existe música. Ou seja, o conjunto de múltiplas camadas possui inteireza e integridade. A música é um ato consciente semelhante à configuração de um organismo vivo que, livre dos limites da consciência, evoluiu durante o transcorrer das eras. Na música, como no organismo, podemos perceber a segmentação, a ramificação, a simetria, a unidade em meio à intrincada diversidade. Podemos perceber a densidade, a economia, a inteireza, a consistência e o caráter infinito de sua organização. São qualidades estruturais, formais, mas não abstratas. Por sermos também organismos vivos, nós as sentimos com todo o nosso corpo.

A beleza formal é também beleza da técnica. O ideal matemático de elegância, o aproveitamento total, a plenitude são o que, no vôo dos falcões e dos pelicanos, nos movimentos dos atletas e bailarinos, reconhecemos como graça. Note-se — e esta é uma das tensões essenciais — que elegância (economia de expressão) é o oposto de *galumphing* (prodigalidade da natureza e da imaginação). Ambas as tendências contribuem para que nosso trabalho se caracterize como arte.

Quaisquer que sejam as qualidades que a "qualidade" possua, um ato pode ser engenhoso, divertido e impressionante e, no entanto, não ser arte. A arte exige uma união entre o material consciente e o material inconsciente, uma conexão com a realidade emocional, que é a experiência partilhada pelo artista e pelo público.

Mais uma vez reiteramos que, para ter beleza, uma obra não precisa ser bonita. Muitos filmes, peças teatrais ou quadros retratam francamente o horror ou a feiúra, a repressão política ou a tortura — como o quadro *Guernica,* de Picasso, ou o filme *Batalha de Argel,* de Pontecorvo — e no entanto são belos.

Há belezas que retratam e desencadeiam emoções. Há belezas que retratam e desencadeiam idéias. Porém, mais profundas que estas (e não podemos deixar de pensar em Bach), há belezas que evocam as origens do ser, e se as compararmos com as emoções e as idéias,

157

estas parecem efêmeras. Por alguma estranha alquimia, entramos numa comunhão mística que está além da emoção, da técnica, do pensamento ou da imaginação. Essa é a visão mística, que vê na beleza o Uno que brilha através das milhares de coisas que estão diante dos nossos olhos. Essa expressão direta da própria vida não pode ser analisada ou definida, mas, quando a experimentamos, não deixa margem a dúvidas. Uma pessoa pode estar física, intelectual ou emocionalmente envolvida no que faz, mas a verdadeira autenticidade só existe quando ela está totalmente envolvida. Foi esse envolvimento total que o velho de nossa lenda reconheceu quando murmurou: "Como um deus!".

Qualidade, beleza, diversão, amor, transcendência são conceitos que não podem ser definidos, mas podem ser reconhecidos. E são reconhecidos quando nosso ser entra em ressonância com o objeto. Somos seres que possuem uma pequena parte consciente e um grande manancial inconsciente, incluindo o inconsciente pessoal e o inconsciente coletivo, os bilhões de anos de história codificados dentro de nossos corpos. As obras de arte, os sonhos, os acontecimentos que nos tocam profundamente se manifestam no limiar entre a realidade consciente e a realidade inconsciente. Eles se referem ao intercâmbio — ou talvez sejam os próprios meios de intercâmbio — entre o pouco que sabemos e o muito que somos. Não podemos definir o que é beleza porque a definição pertence ao campo estreito e relativo da consciência racional. Mas quando transformamos nosso ser total numa antena ou caixa de ressonância, podemos detectá-la. Voltamos a outra palavra enigmática: brincadeira. Ninguém consegue definir o que seja brincadeira, mas qualquer um que esteja num zoológico saberá dizer quando um macaco está brincando.

Não podemos definir qualidade, e isso nos remete de volta ao flautista de nossa lenda. Sabemos que ele era um jovem músico talentoso, que era tecnicamente perfeito, que tinha praticado muito e dominava o seu ofício, tinha uma rica vida interior e forte motivação. Mas "alguma coisa" estava faltando, e esse algo indefinível era qualidade. O mestre não dizia o que estava faltando porque *não podiam* dizê-lo. A qualidade era indefinível também para o mestre. O aluno tinha que descobrir sozinho, dentro do seu próprio ser. Qualquer conhecimento que adquirisse por intermédio de outra pessoa não seria seu. O conhecimento, a arte, teria que amadurecer em seu coração.

Às vezes nos pegamos chorando em certos filmes, mesmo naqueles considerados ingênuos, porque alguma coisa "tocou uma corda" dentro de nós. É uma metáfora perfeita, porque se refere ao fenômeno de ressonância. Se vibrarmos a corda de um violino e hou-

ver um outro violino na sala, o segundo violino irá ressoar no mesmo tom que o primeiro. A ressonância que sentimos em nós é um sintoma de identidade com a coisa que soa. A qualidade é o reconhecimento daquilo que Gregory Bateson chamou de "o padrão de união".[53]

Existe algo biológico na arte e no reconhecimento da beleza ou da qualidade, mas não pretendo dizer com isso que a beleza seja natural em oposição à artificial. Formas de arte abstratas, computadorizadas, que empregam alta tecnologia, podem ser tão vivas quanto uma paisagem ou um *haiku*. Com "biológico" quero dizer que, na qualidade de seres vivos, com todas as complexidades, todas as dinâmicas, todos os fluxos de auto-reprodução e toda a graça inconsciente que a vida nos legou, somos suficientemente ricos e suficientemente velhos para vibrar na presença de algo que, à sua própria maneira, também esteja vivo. Quando está viva, a arte vibra na mesma freqüência do coração. Quando está vivo, o conhecimento vibra na mesma freqüência da estrutura mais profunda do mundo. Um conto judeu fala de um famoso rabino que fazia belíssimos sermões. Suas palavras refletiam uma vida inteira de aprendizado e um fervoroso coração; eram palavras musicais e continham um profundo conhecimento, uma profunda paixão e uma profunda compaixão. Num dia santificado, em seu templo, suas preces atingiram a profundidade e a intensidade de uma verdadeira epifania. Nesse momento, um anjo baixou à terra e disse: "Você reza muito bem, mas na vila de Tal existe um homem de nome Tal que reza melhor do que você". O rabino ficou um tanto perturbado, mas estava decidido a conhecer e, se possível, aprender com o tal homem. Na primeira oportunidade, empreendeu uma viagem para a tal vila e perguntou pelo homem. Foi conduzido a uma casa onde morava um comerciante analfabeto. Julgando ter-se enganado, o rabino lhe perguntou se havia outro homem com aquele nome na cidade. Nervoso e solícito, o homem disse que não. O rabino já se preparava para partir quando, da porta, resolveu perguntar ao homem como ele rezara no último dia santo. O homem respondeu: "Eu estava cercado de fiéis instruídos e preparados e me senti tão estúpido, tão incapaz, que nem conseguia ler. Como só conheço as dez primeiras letras do alfabeto, eu disse a Deus: 'Tudo o que tenho são essas dez letras; aceite-as e combine-as como lhe parecer melhor, de modo que elas soem bem aos seus ouvidos'".

Possuindo apenas dez letras, aquele homem se rendera e se abrira como uma caixa de ressonância à beleza e à verdade que estava fora do seu alcance. Todo conhecimento, toda arte é, na melhor das hipóteses, um vislumbre parcial do todo visto de um determinado ângulo. Deixando para trás o conhecimento e a engenhosidade, ele vibrou em sintonia com o Todo Vivo e se tornou ele próprio um todo.

Para empreendermos essa aventura da improvisação na vida e na arte, da redescoberta da livre expressão e do despertar da criatividade, precisamos ser fiéis a nós mesmos e às nossas visões, e fiéis à totalidade ainda não revelada que existe além do *self* e da visão que temos hoje. Qualidade nada mais é do que verdade. Agora podemos compreender o significado do famoso verso de Keats: "Beleza é verdade e verdade é beleza — isso é tudo o que sabemos e precisamos saber aqui na terra".[54]

Se a arte é criada por uma pessoa inteira, então a obra também nascerá inteira. Educar é ensinar, atingir e vibrar na pessoa como um todo, e não meramente transferir conhecimentos. Mais uma vez, lembramos que o flautista teve que descobrir sozinho, em todo o seu ser, o que estava faltando. Alguma coisa está sempre faltando nos livros e em outros métodos de ensino que dão ênfase aos procedimentos e à informação, embora possam conter truques e medidas valiosos. Os procedimentos, o "como fazer" (lembremos que se prestarmos atenção a cada passo necessário para andar de bicicleta corremos o risco de cair), podem nos ensinar alguns dos aspectos clássicos ou formais da qualidade ou da beleza, os aspectos que residem nas partes e na sua harmonização. Mas a visão romântica ou mística que vê a qualidade como um sintoma do Todo que brilha em todas as suas partes é inerentemente indivisível; brota de uma ressonância de todo o corpo e de toda a alma com a arte que estamos vendo ou produzindo. Na vida e na arte, improvisamos tendo nas mãos essas duas maneiras de fazer, ver e ser; com ambas nós *fazemos* e *sentimos*.

A qualidade fica comprometida quando o giroscópio de nosso conhecimento interior que integra tantos atos de equilíbrio dinâmico está fora de centro. Podemos ser arrastados para longe de nós mesmos, da caixa de ressonância que temos dentro de nós, por uma idéia limitada do que os outros desejam ou do que nós mesmos desejamos. No primeiro caso, tentamos ser acessíveis; no segundo, tentamos ser originais.

Uma das pressões mais insidiosas a que um artista pode ser submetido é a pressão para ser acessível. Conselhos bem-intencionados nos dizem que tal coisa é acessível, comercial ou popular, e na verdade muitos artistas fizeram essa tal coisa seguindo sua intuição e se tornaram populares e ricos. Mas se modificarmos nosso trabalho buscando essa aceitação e essa popularidade, seremos acusados de falta de autenticidade; nosso trabalho não será sincero porque não tem raízes no nosso ser. Devemos por todos os meios reexaminar e desenvolver nosso trabalho buscando uma comunicação cada vez mais clara; mas se alterarmos um palavra que seja para agradar um suposto mercado, a integridade e a originalidade de tudo o que fazemos estarão comprometidas. Perdemos a base que representa aquilo que realmente somos e sabemos. Por outro lado, se fazemos do nosso trabalho um reflexo autêntico do que somos, as pessoas o reconhecerão como genuíno. Ao resistir à tentação de nos tornarmos acessíveis, não estaremos excluindo o público; ao contrário, estaremos criando um espaço genuíno do qual o público é convidado a participar.

O ideal é que haja uma proximidade, uma inter-relação e uma comunicação de mão dupla entre as mentes e os corações do artista e do público. Mas num mundo regido pela economia e pela comunicação de massa, produtores e homens de mídia insistem em nivelar

161

nosso trabalho por baixo e a ajustá-lo a um denominador comum. A comunicação natural entre o artista e o público é prejudicada pelas banalidades da pesquisa de mercado e da publicidade. Trata-se de um processo particularmente insidioso, porque não é provocado pelas más intenções de ninguém, mas pela natureza dos grandes sistemas e instituições. O perigo reside no fato de que, pressionado por essas instituições, o artista acabe por interiorizar essas demandas e substituir sua voz interior imaculada e natural por uma voz sintetizada artificialmente. Por outro lado, se tentar conscientemente ser original, o artista pode tomar a direção oposta, em busca de uma voz ou de uma aparência absolutamente distintiva, que acaba por afastá-lo do público. Artistas jovens caem facilmente nessa armadilha de confundir originalidade com novidade. Ser original não significa ser diferente de tudo o que já se fez no passado ou está se fazendo no presente; significa agir de acordo com a origem, com o próprio centro. De um coração espontâneo pode brotar um trabalho que, embora semelhante a algo muito antigo, não deixa de ser original, porque autêntico. Dominado pela obsessão de parecer original, o artista acaba rejeitando suas primeiras idéias e indo em busca de algo fora dele — e portanto não autêntico. (Se nos esforçarmos na busca do Tao, diz o *koan*, estaremos nos afastando dele.) É no pensamento espontâneo que, por definição, reside a inspiração. Atenha-se ao óbvio e ao trivial. Como você é um produto único e singular da evolução, da cultura, do ambiente, do destino e de sua própria história, aquilo que é óbvio e trivial para você será sem dúvida inteiramente original. Muitas das grandes descobertas científicas, artísticas e espirituais foram na verdade a revelação de uma obviedade surpreendente que ninguém até então havia conseguido ver ou imaginar porque estavam todos demasiadamente amedrontados ou excessivamente apegados ao pensamento tradicional. Por baixo de alguns conceitos aparentemente complexos, como o dos epiciclos da astronomia medieval, revelou-se uma síntese tão simples que "poderia ter sido imaginada por uma criança".

Paradoxalmente, quanto mais autêntico é o artista, mais universal a sua mensagem. Quanto mais aprofundada a individualização, mais se consegue atingir as camadas mais profundas da consciência coletiva e do inconsciente coletivo. Ninguém precisa alterar sua voz interior para agradar aos outros, nem para se diferenciar dos outros. A qualidade nasce da sintonia com a verdade interior e é por ela reconhecida como tal. Daí a famosa oração de Sócrates: "Bem-amado Pan e vós todos, deuses que rondam este lugar, dai-me a beleza da alma interior; e possam o homem interior e o homem exterior ser um só".[55]

Arte pela Vida

Não é fácil
encontrar novidades em poemas;
mas homens morrem miseravelmente todos os dias
por falta
do que neles existe.

WILLIAM CARLOS WILLIAMS

Os artistas sempre desejaram legar algo para a posteridade, criar obras que pudessem sobreviver séculos após a morte de seus criadores. Tradicionalmente, a permanência de uma obra tem sido um dos maiores indicadores de sua qualidade. Mas hoje o futuro do mundo nos parece bastante duvidoso. Com o arsenal de armas nucleares que nos cercam, com a poluição cada vez maior do ar, da água, do solo e das cidades, com todos os sistemas de preservação da vida na Terra correndo perigo, não se tem mais a certeza de que *haverá* posteridade. Nos últimos anos, muitos de nós temos nos perguntado o que podemos fazer para garantir a sobrevivência do mundo e da civilização, para garantir que haverá alguém criando arte; e, cada um à sua maneira, temos participado de inúmeros projetos destinados a sanar essa situação.

Quase sempre descobrimos que nossas tentativas de imobilizar as coisas acabam tornando-as piores. O impasse se deve em parte ao fato de que, tratando-se da intrincada rede de padrões na escala da ecologia global, nem nossas faculdades mentais nem nossa disponibilidade emocional podem dar conta dessa tarefa. A única capacidade verdadeiramente poderosa que a espécie humana possui para sair desse impasse é a imaginação criadora. O único antídoto para a destruição é a criação. Agora, o jogo é pra valer; vivemos numa era que pode presenciar a nossa destruição total ou a criação de uma civilização inteiramente nova. Precisamente porque a possibilidade da posteridade é tão tênue, hoje a arte é mais relevante do que nunca. E, mais uma vez, não me refiro apenas à arte propriamente dita,

163

mas ao viver com arte: com alegria, com seriedade, com interligação, com estrutura, com totalidade. E com o coração.

Portanto, as questões levantadas neste livro apontam também para uma atividade que está além da criatividade individual, além da arte. Vamos chamá-la Frente pela Libertação da Imaginação. Não a arte pela arte, mas a arte pela vida. Isso significa a explosão da criatividade em áreas da vida das quais ela tem sido amplamente excluída. Diante da política internacional, da eclosão de tantas catástrofes econômicas e ecológicas, do ressurgimento do fanatismo fundamentalista e do racismo, pode-se dizer que a lógica convencional nos conduziu a um impasse. O que pode nos tirar desse impasse é uma nova percepção alimentada por uma atitude criativa, assim como uma disponibilidade para o livre jogo das possibilidades. Na política, mais do que em qualquer outra esfera da vida, é o medo que obstrui a criatividade. O que vemos por trás da aparente impossibilidade de uma paz entre os homens — e entre a raça humana e o planeta que lhe dá vida — é a rigidez que nos congela em categorias e referenciais ultrapassados. É por isso que os Estados totalitários e as religiões fundamentalistas têm como primeiro mandamento a restrição da palavra, da arte, do cinema e de outros canais de expressão e comunicação — particularmente o humor.

Diante do estado do planeta, é fácil perceber que só *insights* de primeira grandeza poderão nos tirar dessa situação. Milagres. O que a geração vindoura vai necessitar é de uma série completa de saltos adaptativos, criativos e evolucionários. Tudo o que sabemos sobre o fazer artístico individual indica que os *insights* criativos são possíveis, não apenas como acontecimentos extraordinários e messiânicos, mas como um fato natural. Se nos livrarmos dos Cinco Medos e substituirmos a compulsão pela prática, estendendo os momentos de inspiração a um fluxo contínuo, então os *insights* criativos poderão se tornar fatos da vida diária.

Existe um ditado que diz: "Encontramos os inimigos, e eles éramos nós". Na verdade, precisamos perceber isso para sobreviver. Mas também é verdade que encontramos grandes compositores, grandes criadores — e eles também somos nós.

A inspiração criativa não é privilégio de pessoas especiais como os artistas profissionais. Conceder aos artistas profissionais a prerrogativa da criatividade é o mesmo que conceder aos médicos a prerrogativa da cura. Os profissionais médicos são vitalmente necessários como repositórios do conhecimento, da tradição, dos recursos da medicina e, acima de tudo, como catalizadores do poder de cura que existe em cada um de nós. Mas a verdadeira cura, como a verdadeira criatividade, cabe a nós, e corremos perigo quando abdicamos desse poder. Sir Herbert Read escreveu: "A visão estética da vida

164

não está restrita àqueles que são capazes de criar ou apreciar obras de arte. Ela existe sempre que os sentidos naturais se expressam livremente nos multiformes fenômenos do nosso mundo, e quando, conseqüentemente, se descobre que a vida está cheia de felicidade".[56] Existem dois conceitos interligados aqui: a criatividade estendida a um maior número de momentos e a criatividade estendida a um número maior de pessoas. Se não formos nem espectadores nem vítimas, poderemos nos envolver diretamente na criação do nosso ser e do nosso mundo. Não existem soluções preestabelecidas, não existe nenhum grande modelo para a solução de um grande problema. Na vida, as soluções são propostas momento a momento, desde que cada vez mais pessoas ousem criar sua própria vida e sua própria arte, tenham a coragem de ouvir a voz de sua profunda natureza original e, ainda mais profunda, a voz que soa no interior da Terra.

A criatividade nasce da livre expressão, da brincadeira, mas a brincadeira nem sempre está condicionada a valores. O compromisso e o amor, sim. Não existe *um* processo criativo. São muitos os processos criativos, com muitas camadas, muitos níveis de envolvimento e propósito. Os místicos contemplativos trabalham apenas o ser. Os artistas devotados ao mundo da arte trabalham apenas o material. Em ambos os casos, a vida está separada dos valores e do sagrado. Mas na Frente pela Libertação da Imaginação, os artistas trabalham ao mesmo tempo o ser e o material, numa alquimia de ressonância e empatia.

Aquilo que costumamos chamar de criatividade envolve fatores como inteligência, capacidade de perceber a ligação entre fatos até então desconexos, capacidade de romper com idéias ultrapassadas, destemor, vigor, alegria e até mesmo uma certa capacidade de escandalizar. Pessoas muito criativas podem usar essas capacidades em campos de atividade absolutamente convencionais. E elas podem ser usadas tanto para o bem como para o mal. A criatividade pode se manifestar na medicina, na propaganda, no projeto de uma casa ou de uma bomba atômica. Infelizmente, a mesma capacidade de diversão e de experimentação que dá origem às nossas melhores realizações também tem resultado na invenção de métodos cada vez mais refinados de destruição de massa, capazes de anular milhões de anos de conquistas evolucionárias.

É preciso também entender a diferença entre impulso criativo e criatividade. O impulso criativo caracteriza alguém que se sente impelido por uma força interior a fazer alguma coisa independentemente da possibilidade de ela vir a ser popular ou recompensada pela sociedade. Essa compulsão interna para concretizar uma visão depende da criatividade para a sua realização, mas não é criatividade. Na

165

verdade, um poeta pode ser menos criativo, menos inteligente, menos competente e menos original do que o criador de uma campanha publicitária, mas está motivado por uma necessidade vital de concretizar sua visão. Mas mesmo essa apaixonada necessidade de criar nem sempre está ligada a valores. Os perfeccionistas não são necessariamente pessoas piedosas ou altruístas. Um físico pode estar tão obcecado na solução de um problema quanto um compositor, mas só o trabalho do físico pode resultar numa bomba. E existem escritores geniais que, como Rimbaud, produzem obras-primas e mais tarde abandonam a arte por desinteresse.

Por trás do impulso criativo existe um nível mais profundo de compromisso, um estado de comunhão com um todo que está além de nós. Quando esse elemento de união é injetado em nossas formas de expressão, atingimos algo que ultrapassa a mera criatividade, o simples propósito ou a mera dedicação; atingimos um estado em que agimos por força do amor. O amor está relacionado à perpetuação da vida, e portanto irrevogavelmente ligado a nossos valores mais profundos.

Sempre me sinto estarrecido diante do poder que têm a literatura, a música, o desenho ou a dança de acabar com a tristeza, a decepção, a depressão ou a confusão. E não estou falando de entretenimento ou distração, mas da possibilidade de sair inteiramente desses estados de espírito por meio do ato de escrever, tocar, desenhar ou dançar. É um processo que lembra o que há de melhor na psicoterapia. Não fugimos e evitamos o problema que está nos perturbando; ao contrário, nós o confrontamos munidos de um novo referencial. A capacidade de personificar, mitificar, imaginar, harmonizar é uma das maiores graças concedidas à raça humana. Somos portanto capazes de conceituar os conteúdos desconhecidos da psique, de trabalhar com forças interiores que, se permanecessem inconscientes, poderiam nos esmagar. Essa é a mágica da poesia — que usa palavras para comunicar aquilo que as palavras não podem comunicar. Ao se deparar com problemas no seu trabalho artístico, talvez você julgue que está resolvendo um problema criativo; mas indiretamente você está resolvendo outros problemas também. Esse poder de cura atua também em outras direções. Se, como Picasso, você se dedica a resolver o problema de expressar todo um mundo de sentimentos na cor azul, você está resolvendo alguma outra coisa também. O que é essa outra coisa?

Não podemos defini-la ou entendê-la, mas podemos praticá-la. No século XIII, o mestre zen Dogen disse: "Estudar o Caminho de Buda é estudar o ser. Estudar o ser é esquecer o ser. Esquecer o ser é perceber a si mesmo como todas as coisas. Perceber isso é desapegar-se do corpo e da mente de si mesmo e dos outros. Quando tiver alcançado esse estado, você estará desligado até mesmo da Iluminação, mas em condições de praticá-la continuamente sem pensar nela".[57]

Os mitos vivos estão continuamente vindo à tona. Em 1988, quando três baleias ficaram presas sob o gelo do Alasca, durante duas semanas a atenção do mundo se concentrou no esforço de homens e navios para abrir um túnel no gelo por onde as baleias pudessem escapar para o mar aberto. Finalmente, duas das baleias conseguiram se libertar. A intensa concentração de câmeras e repórteres no local durante esse período transformou o acontecimento numa janela global para o teatro improvisado da vida cotidiana. A situação era dramática, inesperada; tinha limites conhecidos, mas um curso e um resultado desconhecidos; desenrolava-se num tempo real; estava contida num espaço definido, ou seja, num *temenos*, e ligada a símbolos poderosíssimos.

O teatro improvisado não ocorre obrigatoriamente num teatro nem envolve necessariamente pessoas que se denominam atores. Os elementos para uma improvisação no teatro, nas artes plásticas, na música ou na dança estão à nossa volta todo o tempo. Mas quando, como no caso das baleias, nossa atenção se concentra num acontecimento com total empatia e envolvimento espiritual, a diferença entre arte e vida desaparece.

A criatividade, como a vida, é um processo que envolve circuitos interagentes e interligados de controle e alimentação entre o organismo e o ambiente. Se o organismo for, como nós, consciente, poderá se sentir o instrumento (ou mesmo a vítima) de alguma grande *força* misteriosa. Mas não existe nenhuma *força* — o que existe é um grande sistema de interconexões: Gaia. Biólogos, historiadores e outros estudiosos estão desenvolvendo uma base cada vez mais substancial para a hipótese Gaia,[58] pela qual a Terra é na verdade um único organismo vivo.

Desde que a epistemologia racional e materialista definiu a direção da cultura ocidental no período pós-renascentista (com raízes que remontam à antiguidade), temos presenciado uma gradual negação da realidade desses processos que nos ligam (*re-ligio*) ao contexto e ao meio ambiente — ou seja, a arte, os sonhos, a religião e outros caminhos do inconsciente. Gregory Bateson nos mostrou que a arte, a religião e os sonhos são remédios capazes de corrigir a estreiteza inerente aos propósitos conscientes.[59] Esse elemento de cura (qualquer que seja o campo em que nossa ação criativa tome forma) é aprender a conduzir o mundo de uma maneira que abranja a totalidade inconsciente, os paradoxos inerentes. A arte, a música,

167

a poesia, o paradoxo, o sacramento, o teatro são os remédios verdadeiramente necessários — e no entanto são exatamente eles que nossa mentalidade moderna tem descartado. Em *Timeas*, Platão fala do teatro e do ritual como aliados essenciais para a redescoberta de nossa totalidade perdida:

Os movimentos mais afins com nossa parte divina são os pensamentos e revoluções do universo. São eles que todo homem deve seguir, corrigindo os circuitos mentais que foram danificados por ocasião do nascimento, aprendendo a conhecer as harmonias e revoluções do mundo; deve incorporar o ser pensante ao pensamento, restabelecendo sua natureza original.[60]

A origem e o fim último do trabalho criativo residem, portanto, na totalidade da psique, que é a totalidade do mundo. Daí as propriedades curativas da arte. Harmonizar-se com a ordem natural, ou com o grande Ser, é redescobrir-se, revelar-se no contexto, na natureza, no equilíbrio, liberar a voz criativa. Essa essência está conosco todo o tempo, mas, por estar geralmente encoberta, geralmente adoecemos. Se descobrirmos nossa essência, estaremos ao mesmo tempo nos recuperando de uma doença do espírito.

No início deste livro afirmei que temos o direito inalienável à criação, e esse seria o credo da Frente pela Libertação da Imaginação. Gostaria também de dizer que temos direito a um mundo belo e sadio. Mas a arte e um mundo belo são construídos com trabalho duro e criatividade. Não são direitos, mas privilégios. Temos o direito ao trabalho. Nosso trabalho une arte e sobrevivência, arte e cura, arte e mudança social. Existe um traço de união entre o anseio de beleza, o anseio de saúde e o anseio de liberdade política.

Os obstáculos à liberdade, a uma vida comunitária e à criatividade devem ser absorvidos e transcendidos na total humanização do indivíduo. Cultura e arte são recursos vitais para a sobrevivência. A criação, nas artes, na ciência, na tecnologia e na vida cotidiana, é uma fonte primária de realização humana. Em lugar da conformidade, a criatividade pode se tornar um meio fundamental de vida social.

A livre expressão da criatividade não é a capacidade de manipular arbitrariamente a vida. É a capacidade de viver a vida como ela é. A experiência da existência é um reflexo do Ser, que é beleza e consciência. É a livre expressão que torna essa experiência acessível ao indivíduo. O objetivo da liberdade é a criatividade humana, a intensificação e a elaboração da vida. A criatividade sempre envolve uma certa dose de disciplina, autocontrole e sacrifício. Planejamento e espontaneidade se tornam uma coisa só. Razão e intuição passam a ser duas faces da mesma verdade.

Vivemos hoje, como indivíduos, como nações ou como espécie, um período de intensa transformação, muitas vezes desconcertante. Os sistemas de governo, de produção, de cultura, de pensamento e de percepção aos quais nos acostumamos já não funcionam. Isso nos apresenta um desafio. Podemos nos agarrar ao que está passando ou já passou, ou podemos nos manter abertos e acessíveis — até mesmo entregues — ao processo criativo, sem insistir em conhecer de antemão o resultado final que nos advirá — para nós, para nossas instituições, para nosso planeta. Quem aceitar esse desafio estará acalentando a liberdade, abraçando a vida e encontrando um sentido para ela.

Luz no Fim do Túnel

A vida do artista não poderia deixar de ser cheia de conflitos, porque duas forças estão em guerra dentro dele — por um lado, o anseio natural do homem por felicidade, satisfação e segurança, e por outro lado uma paixão cruel pela criação, capaz de ir tão longe a ponto de anular qualquer desejo pessoal. (...) Quase não há exceções à regra de que uma pessoa deve pagar caro pelo divino dom do fogo criativo.

CARL JUNG

A liberdade criativa resulta do crescimento e da evolução pessoal. No ciclo de vida criativa, passamos por pelo menos três estágios: inocência (descoberta), experiência (queda, provação) e integração (rejuvenescimento, domínio). Nascimento, bloqueio e ressurreição. Naturalmente, essa passagem não se faz em linha reta; as fases de desenvolvimento envolvem complexas mudanças e inter-relações no transcorrer de nossa vida.

Na infância, dado o estado natural de inocência, a criatividade brota da experiência de *desaparecer* — um estado de pura absorção na brincadeira. Mas posteriormente enfrentamos as batalhas da vida, a longa lista de problemas intrinsecamente ligados à nossa existência na Terra, assim como os impedimentos internos provocados pelo medo e pela autocrítica. Às vezes, antes de encontrar a luz no fim do túnel, nossa alma atravessa uma longa noite de escuridão, como aconteceu com o flautista de nossa lenda. Às vezes conseguimos transcender as fases da inocência e da experiência e conquistar uma inocência renovada. Maduro, o artista retorna a um estado que lembra a brincadeira infantil, mas que foi temperado pelos medos e provações por que passou.

Sobre o fim dessa jornada, escreve T. S. Eliot:

Não cessaremos de explorar,
E no final de toda a nossa investigação

Voltaremos ao ponto de partida
E conheceremos o lugar como se pela primeira vez.[61]

O momento de retorno é o *samadhi* da inocência reorganizada. Com a própria vida em risco a cada vez que escolhe seus instrumentos, o artista só pode realizar seu genuíno trabalho se recuperar o estado original de liberdade de espírito em que nada tem a perder ou a ganhar.

Existe um momento singular, que podemos ou não alcançar, em que aceitamos todas as introjeções e todos os fantasmas, assumimos a responsabilidade por nossos atos e cortamos o nó górdio. Então as dificuldades e obstáculos são afastados e recebemos uma transmissão clara e desimpedida. Essa transmissão é um total mistério. Embora esse instante seja percebido com óbvia lucidez quando nos acontece, precisamos vivenciá-lo para acreditar que ele existe. O efeito é mais metabólico do que conceitual. Uma espécie de *fanà* (autoanulação) ocorreu; desaparecemos e nos transformamos numa onda mensageira, um veículo para a música que nos toca. O poder da espontaneidade criativa se manifesta numa explosão que nos liberta de referenciais ultrapassados e de lembranças de velhos fatos e velhos sentimentos. O vício, a procrastinação e o medo são varridos por essa onda mensageira e nossa música se torna uma mensagem do grande Ser.

Então, finalmente, somos capazes de desaparecer. Virginia Woolf criou uma interessante parábola acerca de nossa ignorância sobre a vida de Shakespeare (sua biografia conhecida não encheria mais que três páginas).

Dizemos que nada sabemos sobre o estado de espírito de Shakespeare; no entanto, quando dizemos isso, estamos dizendo algo sobre o estado de espírito de Shakespeare. Talvez o motivo de conhecermos tão pouco sobre Shakespeare — em comparação com o que sabemos sobre Donne, Ben Jonson ou Milton — seja o fato de seus ódios, seus ressentimentos e antipatias nos terem sido ocultados. Não somos assaltados por alguma "revelação" que nos faça lembrar o escritor. Qualquer desejo de protestar, de proclamar uma ofensa, de acertar contas, foi expulso de dentro dele e se extinguiu. Assim, sua poesia flui livre e desimpedida. Se houve algum ser humano que conseguiu se expressar completamente em seu trabalho, foi Shakespeare. Creio que se alguma mente brilhou incandescente, livre, foi a mente de Shakespeare.[62]

Os círculos viciosos, os fantasmas da autocrítica, as defesas da sociedade contra a criatividade, as frustrações e decepções inevitáveis, nenhum desses obstáculos pode ser controlado ou conquistado, porque, como vimos, a simples idéia de controle ou conquista é dualista, uma atitude de nós-ou-eles que faz com que os obstáculos retornem sob uma outra forma. Mas eles podem ser absorvidos e integrados quando estamos ligados a um poder mais alto e mais profundo. A libertação, o despertar para a criatividade, ocorre quando finalmente percebemos nossa verdadeira relação com o universo, ao qual não devemos ceder nem resistir — quando percebemos que somos parte do Todo. Frank Herbert tem um personagem que diz: "Quando o homem se tornou uma coisa, preferiu morrer a se transformar no seu oposto".[63] Mas isso não é necessariamente verdade. É possível dar o grande salto, morrer para o ego e ainda continuar vivo e saudável nesta terra. Os antigos mitos da Criação não se referem a um evento fictício ocorrido milhares de anos antes de Cristo, mas a algo que podemos fazer agora, neste corpo. A imaginação é nosso verdadeiro ser, é na verdade o deus vivo e criador que existe em nós. Os mitos de ressurreição não se referem a um ressurgir da morte física, mas a uma transformação que podemos realizar agora, um renascimento no Ser. Henry Miller escreve sobre esse ponto de mutação:

> Minha vida se tornou uma obra de arte. Eu havia descoberto uma voz, eu estava inteiro de novo. A experiência foi muito semelhante à que conhecemos pela vida dos iniciados zen-budistas. Meus enormes fracassos foram como uma recapitulação da experiência da raça: tive que me entupir de conhecimentos, perceber a futilidade de tudo, estraçalhar tudo, entrar em desespero, depois me humilhar, e então me limpar da lama, como aconteceu, para poder recuperar minha autenticidade. Tive que chegar à beira do abismo e então dar um salto no escuro.[64]

A fórmula da criação é muito simples: identificar os obstáculos e atirá-los ao chão, como se atira ao chão uma mala excessivamente pesada que se vem carregando há muito tempo. Se estivermos livres e imperturbáveis, como as nuvens, qualquer criação que brote dentro de nós poderá fluir naturalmente e com simplicidade. É tão simples como dizer "Faça-se a luz". Mas as teorias mais simples são em geral as mais difíceis de serem postas em prática. Nós nos agarramos desesperadamente a *alguma coisa*, o que quer que *ela* represente para nós, e nos apegamos à idéia de conquistá-la, evitá-la ou conservá-la. Não existe escapatória, salvação ou refrigério, pela simples razão de que a carregamos sempre conosco. Nossas mãos estão cheias de nosso conceito limitado e limitante de individualidade.

O segredo é *livrar-se* dessa coisa — o que quer que ela seja. Isso não significa privação, mas enriquecimento. Significa abandonar

173

a esperança e o medo e permitir que o verdadeiro ser, muito mais vasto, muito mais simples, se revele; deixar-se apanhar de surpresa pelo grande Tao que se move eternamente por este mundo.

Para o artista criativo, a questão fundamental é saber como atingir esse ponto de mutação, esse momento de transformação por meio da entrega — e como ele intensifica e instila vida na voz criativa de um indivíduo.

> Certa vez, Chao-Chou perguntou a Nan-Chuan: "O que é o Tao?".
> "A sua mente normal é o Tao", respondeu Nan-Chuan.
> "Devemos nos esforçar para encontrá-lo ou não?", perguntou Chao-Chou.
> "Se obrigar-se a encontrá-lo, você se afastará dele", respondeu Nan-Chuan.
> ' Chao-Chou continuou: "Se não o procurarmos, como poderemos saber que é o Tao?".
> Nan-Chou respondeu: "O Tao não pertence ao campo do saber ou do não-saber. O saber é ilusão; o não-saber é entorpecimento. Quando realmente se atinge o Tao da ausência de dúvidas, ele é como o céu, vasto e sem limites. Como, então, pode haver certo e errado no Tao?".
> Ao ouvir essas palavras, a mente de Chao-Chou subitamente se iluminou.[65]

Mais tarde, o mestre Mumon explicou esse famoso incidente com as seguintes palavras:

> *Centenas de flores na primavera, a lua no outono,*
> *Uma brisa fresca no verão, e a neve no inverno;*
> *Se coisas inúteis não te pesarem na mente,*
> *Toda estação será uma boa estação para ti.* [66]

O arco do violino percorre as treze polegadas da corda, o pincel se move dentro dos limites da tela vazia: um jogo infinito num espaço limitado, até que o significado se manifeste tanto no detalhe preciso quanto na *gestalt* total. Esse movimento e esse significado devem ser novos e frescos, devem reafirmar verdades eternas, devem divertir e dar prazer, devem ser completamente auto-suficientes e ao mesmo tempo ilimitados. Mas podemos nos expressar durante milhares de anos sem nunca preencher totalmente esses requisitos. Qualquer pessoa que deseje expressar um significado por meio de símbolos, de palavras, da música, da pintura, precisa ter uma atração por tarefas impossíveis, uma disponibilidade para suportar grandes frustrações, algo de quixotesco. Isso pode exigir de nós um compromisso apaixonado, às vezes assustador, de levar nossas formas de expressão à sua conclusão apesar de todos os obstáculos.

Aos trinta e dois anos, Beethoven percebeu que jamais recuperaria a audição e, pior ainda, anteviu a solidão e o isolamento emocional que o destino lhe reservara. No entanto, no mesmo verão em que precocemente escreveu seu testamento, um manifesto de desesperança, compôs a *Segunda sinfonia*, uma obra incomparável repleta de luz e de felicidade. Mais tarde, ele próprio diria sobre esse período: "Se eu não tivesse lido em algum lugar que um homem não pode voluntariamente partir desta vida enquanto uma boa missão lhe estiver reservada, há muito tempo eu não estaria mais aqui".[67] A *Eróica*, obra que representou um salto revolucionário tanto do ponto de vista emocional quanto conceitual na história da arte, sintetiza os conflitos por que passou seu espírito nessa época. Quase sempre Beethoven é descrito por seus contemporâneos como um homem terrivelmente infeliz, um misantropo que oscilava entre a resignação e a revolta contra o seu destino. No entanto, precisamente por ter escolhido o caminho da entrega, por ter transcendido o desespero, esse homem turbulento e arrebatado, e que era surdo, está entre os maiores poetas da alegria que o mundo conheceu.

Nada pode deter o Criativo. Se a vida está cheia de alegria, a alegria alimenta o processo criativo. Se a vida está cheia de dor, a dor alimenta o processo criativo. São abundantes os exemplos de obras de arte produzidas na prisão, das quais a mais famosa é certamente *Dom Quixote*. E. E. Cummings escreveu *The enormous room* quando estava encarcerado numa suja e apinhada prisão francesa durante a Primeira Grande Guerra. Olivier Messiaen compôs o *Quarteto para o fim dos tempos*, uma das maiores obras musicais do século XX, num campo de concentração nazista. Confinado no Stalag VII, na Silésia, durante o rigoroso inverno de 1941, Messiaen compôs oito movimentos de uma obra que, segundo suas próprias palavras na época, continha "uma luz inesgotável, uma paz inalterável". Temos sido inúmeras vezes testemunhas da imensidão do poder dos limites, do poder das circunstâncias, do poder da vida como fontes geradoras de *insights* da mente e do coração, do espírito e da matéria. É maravilhoso poder isolar-se no alto de uma montanha e pintar belos quadros. Mas mais maravilhoso ainda, e um maior desafio para o artista, é estar em meio à luta cármica, com os sofredores de todos os tempos e de todos os lugares agarrados ao pincel — e então, com total consciência, tomar desse pincel e, como o mestre calígrafo Hakuin, desenhar "nada mais que" um círculo. Esse círculo ficará entesourado durante séculos como uma porta da percepção, uma porta para a libertação. O menor sinal sobre o papel se torna um ato de suprema coragem, em que o sofrimento do artista e de seu mun-

175

do se transformam por alquimia em algo totalmente diferente, uma obra de beleza e maravilha.

Quando essa alquimia amadurece plenamente dentro de nós, nossos atos de improvisação na vida e na arte assumem todas as multiformes dimensões de *lîla*; experiência e inocência se fundem, e estamos livres para tocar como um deus.

Notas

Referentes às epígrafes que abrem cada capítulo

pág. 13   Ranier Maria Rilke, *The sonnets of Orpheus*, soneto número 3, 1922.

pág. 17   Whitney Balliet, "Profiles: Stéphane Grappelli", *in The New Yorker*, 19 de janeiro de 1976.

pág. 27   William Blake, *in* "The Pickering Manuscript", [1803] 1989.

pág. 33   Martha Graham, *in* Agnes de Mille, *Dance to the piper*, 1951.

pág. 39   W. B. Yeats, *Last poems and plays*, 1940.

pág. 43   Frances Wickes, *The inner world of the child*, 1928.

pág. 49   Carl Jung, *Psychological types*, 1923.

pág. 57   Aaron Copland, *Music and imagination*, 1952.

pág. 63   Vincent van Gogh, *Further letters to his brother*, 1888.

pág. 69   Igor Stravinsky, *The poetics of music*, 1942; *The Blue Cliff Record*, número 80, [1128] 1977.

pág. 79   Jallaludin Rumi, *The Mathnavi*, [1260] 1981.

pág. 87   Miles Davis (sem fonte); M. C. Richards, *Centering*, 1962.

pág. 91   Gregory Bateson (numa conversa com o autor).

pág. 97   Lu Chi, *Wen Fu: The art of writing*, 261 d.C.

pág. 107   Rollo May, *The courage to create*, 1975.

pág. 117   Gustave Flaubert (numa carta a Louise Colet).

pág. 123   William Blake, *Jerusalem*, 1806.

pág. 129   Edgar Dégas, "Notebooks 1856", *in Artist on art*, 1945.

pág. 135   Minor White, *Rites & passages*, 1978.

pág. 139   Wolfgang Köhler, *The task of gestalt psychology*, 1969.

pág. 149   Hazrat Inayat Khan, *Music*, [1921] 1960; Octavio Paz, *The bow and the lyre*, 1973.

pág. 155   Duke Ellington e Irving Mills (sem fonte).

pág. 165   William Carlos Williams, "Asphodel, that greeny flower", *in Journey to love*, 1955.

pág. 173   Carl Jung, *Modern man in search of a soul*, 1933.

Notas do texto

1. Esta história foi descoberta por Trevor Leggett, *in Zen and the ways*, 1978.
2. William Blake, *The marriage of heaven and hell*, 1793.
3. Arnold Schoenberg, "Brahms the Progressive", 1933, *in Style and idea*, 1950.
4. Emmanuel Winternitz, *Leonardo da Vinci as a musician*, 1985.
5. Karl Czerny [1800], *in* O. G. Sonneck (ed.), *Beethoven: impressions by his contemporaries*, 1926.
6. Barão de Tremont [1809], *ibidem*.
7. William Blake, *The marriage of heaven and hell*, 1793.
8. Hakuin, "Orategama" [1748], *in Zen master Hakuin*, 1971.
9. Chang Chung-yuan, *Creativity and taoism*, 1970.
10. Blaise Pascal, *Pensées*, 1670.
11. Johan Huizinga, *Homo ludens: A study of the play element in culture*, 1938.
12. Stephen Miller, "Ends, means and galumphing", *in American anthropologist*, 1973. O conceito de *galumphing* em Lewis Carroll, *Through the looking glass*, 1896.
13. W. Ross Ashby, *Introduction to cybernetics*, 1956.
14. Evangelho de São Matheus 4:4.
15. Alexander Pope, *Essays on criticism*, parte III, 1711.
16. Paul Radin, *The trickster*, 1956.
17. Evangelho de São Marcos 10:11 (na versão King James).
18. Ernst Kris, *Psychoanalytic exploration in art*, 1952.
19. *The Blue Cliff Record*, número 80, [1128] 1977.
20. D. W. Winnicott, *Playing and reality*, 1971.
21. Jallaludin Rumi, *The Mathnavi*, [1260] 1981.
22. Blake, *Milton*, 1804.
23. T. S. Eliot, "Little Gidding", *in Four quartets*, [1941] 1952.
24. Rico Lebrun, *Drawings*, 1961.
25. Essa visão de assimilação e acomodação se deve a Jean Piaget. Ver especialmente seu trabalho *Play, dreams and imitation in Childhood*.
26. T. S. Eliot, "Burnt Norton", *in Four quartets*, [1941] 1952.
27. Igor Stravinski, *The poetics of music*, 1942.
28. Wendell Berry, "Poetry and marriage", *in Standing by words*, 1983.
29. Salmos 118:22.
30. Emmanuel Winternitz, *Leonardo da Vinci as a musician*, 1985.
31. Peter Schickele, *P. D. Q. Bach on the air*, 1967.
32. Igor Stravinsky, *The poetics of music*, 1942.
33. Bob Dylan, "Absolutely sweet Marie", *in Blonde on blonde*, 1966.
34. Para uma exploração mais profunda dessas questões, ver Alice Miller, *The drama of the gifted child*, 1981.
35. E. E. Cummings, *1x1 [One times one]*, 1944.
36. K. Seeling, *Albert Einstein*, 1954.
37. Virginia Woolf, *A room of one's own*, 1929.
38. Aaron Copland, *Music and imagination*, 1952.

39. William Blake, "Auguries of innocence", *in* "The Pickering Manuscript", [1803] 1989.
40. Seng-Tsan, *Hsin Hsin Meng*, [século VIII] 1951.
41. Jallaludin Rumi, *The Mathnavi*, [1260] 1981.
42. *The Blue Cliff Record*, [1128] 1977.
43. D. H. Lawrence, "Song of a man who has come through", *in Complete poems*, 1930.
44. Richard Wilhelm (trad.), *The secret of the golden flower*, com comentários de Carl Jung, 1931.
45. Chuang-Tzu, *The way of Chuang-Tzu*, [século IV a.C.], tradução para o inglês de Thomas Merton, 1965.
46. Kigen Dogen, "Shikantaza", *in Shobogenzo*, [1250] 1975.
47. Ranier Maria Rilke, *Duino elegies*, [1922] 1961.
48. Walt Whitman, *Leaves of grass*, 1855.
49. William Blake, *The marriage of heaven and hell*, 1793.
50. David Kinsley, *The sword and the flute*, 1975.
51. Eugen Herrigel, *Zen in the art of archery*, 1953.
52. G. K. Chesterton, no prefácio a *Pickwick papers*, de Charles Dickens.
53. Gregory Bateson, *Mind and nature*, 1979.
54. Jon Keats, "Ode on a Grecian urn", *in Annals of fine art*, 1819.
55. Platão, *Phaedrus*, tradução para o inglês de Thomas Taylor, 1792.
56. Herbert Read, *Annals of innocence and experience*, [1940] 1974.
57. Kigen Dogen, "Genjokoan", *in Shobogenzo*, [1250] 1975.
58. James Lovelock, *Gaia: a new look at life on earth*, 1979, e *Ages of Gaia*, 1988.
59. Gregory Bateson, "Style, grace, and information in primitive art", *in Steps to an ecology of mind*, 1972.
60. Platão, *Timeas*, tradução para o inglês de Thomas Taylor, 1792.
61. T. S. Eliot, "Little Gidding", *in Four quartets*, [1941] 1952.
62. Virginia Woolf, *A room of one's own*, 1929.
63. Frank Herbert, *Dune Messiah*, 1967.
64. Henry Miller, "Refflections on writing", *in Wisdom of the heart*, 1941.
65. Mumon Ekai, koan 19, *in Mumonkan (The gateless gate)*, [1228] 1967.
66. *Ibidem*.
67. Ludwig van Beethoven, *Letters*, ed. Emily Anderson, 1961.

Ilustrações

pág. 14 Kakuan, The ten oxherding pictures, n? 6.

pág. 31 Hakuin, *Pu-tai juggling with saucers*.

pág. 35 Johann Sebastian Bach e Ludwig van Beethoven, páginas manuscritas.

pág. 37 Torei, *Ensō*. "Toda família pode desfrutar de uma brisa fresca e de uma lua brilhante; e o espírito do Zen também está presente em toda parte."

pág. 42 Jiun, *Ensō*. "Uma a uma, silenciosamente, as flores caem; este é o aspecto fundamental da natureza, através do qual se pode perceber a maior de todas as verdades."

pág. 45 William Blake, *Bright-eyed fancy*, em *Illustrations to gray*, prancha, 50, 1800.

pág. 53 A carta do Louco no baralho Tarô, de A. E. Waite, 1910.

pág. 54 William Blake, *Songs of innocence*, prancha 2, 1789.

pág. 55 William Blake, *Songs of innocence*, prancha 4, 1789.

pág. 66-67 Violino de Carlo Bergonzi, c. 1770, fotografado por Ben Berzinsky.

pág. 73 Rico Lebrun, *Hands*, 1940.

pág. 80 Padrões *moiré* criados pelo autor.

pág. 94 William Blake, *Europe*, prancha, 9, 1794.

pág. 95 Sengai, Pu-tai.

pág. 108 William Blake, *Aged ignorance*, em *The gates of paradise*, 1793.

pág. 113 Pablo Picasso, *Duas crianças desenhando*, 1952.

pág. 121 M. C. Escher, *Encounter*, 1967.

pág. 125 Leonardo da Vinci, *Youth frigthtening boy with trumpet*.

pág. 127 William Blake, *The book of Urizen*, prancha 1, 1794.

pág. 133 Sengai, *Yawning Pu-tai*.

pág. 137 Michelangelo, *Escravo inacabado*, 1520.

pág. 144 William Blake. Em *Night thoughts*, de Thomas Young, 1797.

pág. 153 Figura entalhada no templo de Konarak, Índia.

181

pág. 159 William Blake, *The pleasure party*, 1817. Ilustração de *Comus*, de John Milton.
pág. 168 Remedios Varo, *Musica solar*, 1960.
pág. 176 Tomikichiro Tokuriki, The ten oxherding pictures, n? 6 (a partir de Kakuan).

Bibliografia

ASHBY, W. Ross. *Introduction to cybernetics*. Nova York e Londres, John Wiley and Sons, 1956.

BALLIET, Whitney. "Profiles: You must start well and end well — an interview with Stéphane Grappelli". In: *The New Yorker*, 19 de janeiro de 1976.

BATESON, Gregory. *Steps to an ecology of mind*. Nova York, Ballantine, 1972.

_____. *Mind and nature*. Nova York, E. P. Dutton, 1979.

BEETHOVEN, Ludwig van. *Letters*. Editado por Emily Anderson. Londres, 1961.

BERNSTEIN, Leonard. *The unanswered question*. Cambridge, Harvard University Press, 1961.

BERRY, Wendell. *Standing by words*. São Francisco, North Point Press, 1983.

BLAKE, William. *The marriage of heaven and hell*. Londres, 1793.

_____. *Milton*. Londres, 1804.

_____. *Jerusalem*. Londres, 1820.

_____. "Several questions answered" e "The Pickering Manuscript". In: *Blake, complete writings*. Editado por Geoffrey Keynes. Oxford, Oxford University Press, 1989.

The Blue Cliff Record [1128]. Traduzido por Thomas e J. C. Cleary. Boulder e Londres, Shambhala, 1977.

CARROL, Lewis. *Through the looking glass and what Alice found there*. Londres, 1896. (em português, *Lewis Carrol*, Summus Editorial)

CHANG CHUNG-YUAN. *Creativity and taoism*. Nova York, Julian Press, 1970.

CHUANG-TZU. *The way of Chuang-Tzu* [séc. IV a.C.]. Traduzido para o inglês por Thomas Merton. Londres, Unwin Books, 1965.

COPLAND, Aaron. *Music and imagination*. Cambridge, Harvard University Press, 1952.

CUMMINGS, E. E. *The enormous room*. Nova York, Liveright, 1923.

_____. *1 x 1 [One times one]*. Nova York, Liveright, 1944.

DE MILLE, Agnes. *Dance to the piper*. Boston, Little, Brown, 1951.

DÉGAS, Edgar. "Notebooks, 1856". In: *Artists on art*. Editado por Robert Goldwater e Marco Treves. Nova York, Pantheon, 1945.

DOGEN, Kigen. *Shobogenzo (The eye and treasury of the true law)* [1250]. Traduzido para o inglês por Kosen Nishiyama e John Stevens. 4 vols. Tóquio, Niakyamo Shobo, 1975.

ELIOT, T. S. *Four quartets*. In: *The complete poems and plays, 1909-1950*. Nova York, Harcourt, Brace & World, 1952.

FLAUBERT, Gustave. *The letters of Gustave Flaubert, 1830-1880*. Editado por Francis Steegmuller. Cambridge, Harvard University Press, 1982.

GRUDIN, Robert. *Time and the art of living*. Nova York, Ticknor & Fields, 1982.

HAKUIN. "Orategama" [1748]. In: *Zen master Hakuin: selected writings*. Traduzido para o inglês por Philip Yampolsky. Nova York, Columbia University Press, 1971.

HERBERT, Frank. *Dune Messiah*. Nova York, Berkley Books, 1967.

HERRIGEL, Eugen. *Zen in the art of archery*. Nova York, Pantheon, 1953.

HUGHES, Richard. *A high wind in Jamaica*. Nova York, Harper & Row, 1929.

HUIZINGA, Johan. *Homo ludens: a study of the play element in culture* [1938]. Boston, Beacon Press, 1955.

JOYCE, James. *Finnegans Wake*. Londres, Faber and Faber, 1939.

JUNG, Carl. *Psychological types*. Londres, Kegan Paul, 1923.

_____. *Modern man in search of a soul*. Traduzido para o inglês por Cary Baynes. Londres, Routledge & Kegan Paul, 1933.

KEATS, John. "Ode on a Grecian urn". In: *Annals of fine arts*. Londres, 1819.

KHAN, Hazrat Inayat. *Music* [1921]. Londres, Barrie & Rockliff, 1960.

KINSLEY, David. *The sword and the flute*. Berkeley, University of California Press, 1975.

KÖHLER, Wolfgang. *The task of gestalt psychology*. Princeton, Princeton University Press, 1969.

KRIS, Ernst. *Psychoanalytic explorations in art*. Nova York, Shocken, 1952.

LAWRENCE, D. H. *Complete poems*. Nova York, Viking Press, 1930.

LEBRUN, Rico. *Drawings*. Berkeley e Los Angeles, University of California Press, 1961.

LEGGETT, Trevor. *Zen and the ways*. Boulder e Londres, Shambhala, 1978.

LÉVI-STRAUSS, Claude. *The savage mind (La pensée sauvage)*. Chicago, University of Chicago Press, 1966.

LU CHI. *Wen Fu: the art of writing* [261 d.C.]. Traduzido para o inglês por Sam Hamill. Portland, Oreg., Breitinbush Books, 1987.

MAY, Rollo. *The courage to create*. Nova York, W. W. Norton, 1975.

MILLER, Alice. *The drama of the gifted child*. Traduzido para o inglês por Ruth Ward. Nova York, Basic Books, 1981.

MILLER, Henry. "Reflections on writing". In: *Wisdom of the heart*. Nova York, New Directions, 1941.

MILLER, Stephen. "Ends, means and galumphing: some leitmotifs of play". In: *American Anthropologist 75*, no. 1 (1973)

MUMON EKAI. *Mumonkan (The gateless gate)* [1228]. Traduzido para o inglês por Zenkei Shibayama. Nova York, Harper & Row, 1945. Traduzido por Nyogen Senzaki e Paul Reps. In: *Zen flesh, zen bones*. Tóquio e Rutland, Vt., Charles Tuttle, 1967.

PASCAL, Blaise. *Pensées*. Paris, 1670.

PAZ, Octavio. *The bow and the lyre* [1973]. Austin, University of Texas Press, 1987.

PIAGET, Jean. *The construction of reality in the child*. Traduzido para o inglês por Margaret Cook. Nova York, Basic Books, 1954.

_____. *Play, dreams and imitation in childhood (La formation du symbole)*. Traduzido para o inglês por C. Gattegno e F. M. Hodgson. Nova York, W. W. Norton, 1962.

PLATÃO. *Meno*. Traduzido para o inglês por Thomas Taylor. Londres, 1792.

_____. *Phaedrus*. Traduzido para o inglês por Thomas Taylor. Londres, 1792.

_____. *Timeas*. Traduzido para o inglês por Thomas Taylor. Londres, 1792.

POPE, Alexander. *Essays on criticism, parte III*. Londres, 1711.

RADIN, Paul. *The trickster*. Boston, Rutledge & Kegan Paul, 1956.

READ, Herbert. *Annals of innocence and experience* [1940]. Brooklyn, Haskell, 1974.

RICHARDS, M. C. *Centering*. Middletown, Wesleyan University Press, 1962.

RILKE, Ranier Maria. *The sonnets to Orpheus* [1922]. Traduzido para o inglês por A. E. MacIntyre. Berkeley, University of California Press, 1961.

_____. *Duino elegies* [1922]. Traduzido para o inglês por A. E. MacIntyre. Berkeley, University of California Press, 1962.

RUMI, Jallaludin. *The Mathnavi* [1260]. Traduzido para o inglês por R. A. Nicholson. 6 vols. Cambridge, Cambridge University Press, 1934. Fragmentos traduzidos por Daniel Liebert. Santa Fé, Source Books, 1981.

SCHICKELE, Peter. *P. D. Q. Bach on the air*. Nova York, Vanguard Recordings, 1967.

SCHOENBERG, Arnold. *Style and idea*. Berkeley & Los Angeles, University of California Press, 1950.

SEELIG, K. *Albert Einstein*. Zurique, Europa Verlag, 1954.

SENG-TSAN. *Hsin Hsin Meng* [século VIII]. Traduzido para o inglês por D. T. Suzuki. In: *Essays in zen buddhism*. Londres, Rider, 1951.

SONNECK, O. G. (org.) [1926]. *Beethoven: impressions by his contemporaries*. Nova York, Dover, 1967.

STRAVINSKY, Igor. *The poetics of music*. Cambridge, Harvard University Press, 1942.

The diamond sutra [século II]. Traduzido para o inglês por A. F. Price. Boulder e Londres, Shambhala, 1969.

THAYER, A. W. *Thayer's life of Beethoven*. Editado por Eliot Forbes. Princeton, Princeton University Press, 1964.

VAN GOGH, Vincent. *Further letters of Vincent van Gogh to his brother*. Londres, Constable & Co., 1888.

WHITE, Minor. *Rites & passages: his photographs accompanied by excerpts from his diaries and letters.* Nova York, Aperture, 1978.

WHITMAN, Walt. *Leaves of grass.* Brooklyn, 1855.

WICKES, Frances. *The inner world of childhood* [1928]. Nova York, Appleton-Century, 1966.

WILHELM, Richard (trad.). *The secret of the golden flower* [século VIII]. Com comentários de C. G. Jung. Nova York, Harcourt, Brace & World, 1931.

WILLIAMS, William Carlos. "Asphodel, that greeny flower". In: *Journey to love.* Nova York, New Directions, 1955.

WINNICOTT, D. W. *Playing and reality.* Londres, Tavistock, 1971.

WINTERNITZ, Emmanuel. *Leonardo da Vinci as a musician.* New Haven, Yale University Press, 1985.

WOLFE, Thomas. *The story of a novel.* Nova York, Charles Scribner's Sons, 1936.

WOOLF, Virginia. *A room of one's own.* Nova York e Londres, Harcourt, Brace Jovanovich, 1929.

YEATS, William Butler. *Last poems and plays.* Londres, Macmillan, 1940.

O autor

Stephen Nachmanovitch é violinista, compositor, poeta, professor e artista de computação gráfica. Estudou psicologia em Harvard e tem Ph.D. em "História da Consciência", na Universidade da Califórnia, em Santa Cruz. Como violinista, tem se exibido em concertos internacionais, em que apresenta suas composições improvisadas. Além dos concertos e de seu trabalho de escritor, está ativamente envolvido no campo da música visual, criando vídeos e programas de *software* que integram artes gráficas e música. Seus trabalhos de multimídia envolvem dança, teatro, poesia, fotografia, pintura e cinema. Tem trabalhado como professor e conferencista nos Estados Unidos e na Europa e publicado obras nos mais variados campos do conhecimento, da protozoologia à religião. Atualmente está compondo uma peça de multimídia denominada *American zen.*

leia também

IDEIAS
100 TÉCNICAS DE CRIATIVIDADE
Guy Aznar

Esta obra é uma preciosa ferramenta para transformar as limitações, os medos e as incertezas em propostas positivas, isto é, em ideias. Por meio de conselhos que estimulam a criatividade, métodos para aproveitar as técnicas existentes e exemplos concretos, Guy Aznar mostra que a criatividade aplicada à produção de ideias é um processo que pode ser desenvolvido, ensinado e organizado.

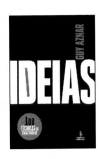

REF. 10701   ISBN 978-85-323-0701-9

ESCRITA CRIATIVA
O PRAZER DA LINGUAGEM
Renata Di Nizo

Sim, todos podem escrever bem – e, principalmente, gostar de escrever. Neste livro, Renata Di Nizo oferece numerosas técnicas de criatividade que possibilitam a descoberta do potencial criativo – muitas vezes oculto por uma rotina cansativa e a falta de estímulos adequados. Indicado para todas as pessoas que desejam se comunicar melhor por escrito, especialmente profissionais, acadêmicos e estudantes.

REF. 10526   ISBN 978-85-323-0526-8

VOCÊ E O FUTURO
CRIATIVIDADE PARA UMA ERA DE MUDANÇAS RADICAIS
Roberto Menna Barreto

O futuro que se avizinha permite visualizarmos dois cenários: o de um boom de tecnologia, melhora na qualidade de vida e mais tempo livre; e o de um bang de catástrofes ambientais, desemprego em massa e carestia. Independentemente de qual seja, você precisa estar preparado. Nesta obra, Roberto Menna Barreto mostra como construir um caminho de autorrealização pessoal e profissional usando a criatividade como ferramenta.

REF. 10072   ISBN 978-85-323-0072-0